AF607424

Título original: *Jeanne et le feu*. Éditions théâtrales L'Œil du Prince, 2009.

D.L. ZA 186-2023

ISBN: 978-84-18885-35-8

MATEI VISNIEC

Juana y el fuego

Traducción de

Maryana Gudyma

Alejandra Lechiguero Armero

Evelio Miñano Martínez

ÍNDICE

Historia y fantasía, ternura e ironía en *Juana y el fuego*

Evelio Miñano Martínez

Universitat de València

Matei Visniec (Rădăuţi, Rumanía, 1956) es un escritor franco-rumano, conocido principalmente por su obra dramática, escrita en rumano y en francés, traducida y representada en varios idiomas. Formado en los años de la dictadura de Ceaucescu, sus primeras creaciones teatrales tuvieron escaso éxito en su país natal. Y no es de extrañar: sus orientaciones estéticas se alejaban mucho del arte oficial, que propugnaba una suerte de realismo socialista, al tiempo que, aun velada e indirectamente, sus obras eran demoledoras para el régimen imperante. De hecho, muchas piezas de ese período se publicarían y representarían antes en francés que en su lengua original, pues habría que esperar la caída del régimen comunista en Rumanía para que los escenarios del país las acogieran. En 1987, algo insólito le ocurrió al autor: por una serie de azares y coincidencias, que él mismo nos ha contado[1], consiguió un pasaporte, lo que le permitió salir cuanto antes del país y exiliarse voluntariamente, afincándose en París, tras una breve tentativa teatral en Londres.

[1] Véase al respecto el relato autobiográfico *Una partida de Backgammon con Radu Dumitru*, en *Los últimos días de Occidente*, Madrid: Verbum, 2023.

Sabemos que, desde hacía tiempo, Matei Visniec, como tantos otros de su generación y país, ya soñaba con Occidente y ansiaba llegar a él. Antes de partir, Francia ya era para él una suerte de patria mental: se conocía de memoria París, sobre todo los barrios de los famosos cafés frecuentados por los grandes escritores de la *Ville Lumière*. La instalación en Francia tuvo importantes repercusiones en su escritura dramática: no solo porque lo abrió a nuevas experiencias y temas, liberándolo de la imperiosa necesidad de criticar el régimen comunista en que había vivido en Rumanía, sino también porque supuso la adopción de la lengua francesa en su teatro[2]. Efectivamente, tras unos años de aprendizaje, Matei Visniec hizo del francés su primera lengua de creación dramática, lo que le permitió consolidar y difundir con fuerza su obra tanto en Francia como más allá de sus fronteras. Ciertamente, no por ello renunció a la lengua rumana; de hecho, siguió cultivando la poesía y la novela en esta lengua, al tiempo que traducía sus obras dramáticas de una a otra lengua, en los dos sentidos.

¿Qué mayor regalo le puede hacer un autor a su país de adopción que aprender su lengua y escribir en ella? Las señales de agradecimiento de Matei Visniec a Francia y su cultura son frecuentes en sus escritos; de hecho, ha llegado a afirmar que: "Si mes racines sont en Roumanie, mes ailes sont en France" ["Si mis raíces están en Rumanía, mis alas están en Francia"]: un hermoso homenaje a la lengua y cultura de adopción, que no entra en contradicción con las de origen, y que tampoco ha impedido

[2] Véase para este proceso nuestra introducción a la pieza de Matei Visniec: *La palabra* progresa *sonaba tremendamente falsa en boca de mi madre*, Universitat de València, 2013, págs. 11-17.

que el genio crítico e irónico del autor apunte con sus dardos a las lacras de Occidente y Francia[3].

Con estos antecedentes, hacia 2008 recibe un sorprendente encargo del Teatro Kaze, de Tokio: ¡escribir una obra sobre Juana de Arco[4]! Ciertamente, Matei Visniec encuentra fuentes muy diversas para su inspiración: Beckett (*El último Godot),* Ionesco (*De la sensation d'élasticité lorsqu'on marche sur des cadavres* [*De la sensación de elasticidad cuando se camina sobre cadáveres*])[5], Kafka (*Domnul K. eliberat* [*El señor K. liberado*], novela), Chéjov (*La máquina Chéjov*), Shakespeare (*Ricardo III no tendrá lugar o Escenas privadas de la vida de Meyerhold*), el teatro griego clásico (*Lysistrata, dragostea mea* [*Lisístrata, mi amor*]), la literatura china (*Lettres d'amour à une princesse chinoise* [*Cartas de amor a una princesa china*]), etc. Era, por tanto, previsible que asumiera el reto, aunque antes de esa fecha, el mundo medieval no parecía haberlo inspirado mucho, con salvedad de los bufones, cuyo papel es crucial en esta obra, y que ya aparecían en *Le roi, le rat et le fou de roi* [*El rey, la rata y el bufón del rey*] (2002). Pero, después de todo lo que se ha escrito sobre Juana de Arco,

---

[3] Véase a este respecto, por ejemplo, *Migraaantes o Sobra gente en este puto barco o El salón de la alambrada* (Universitat de València, 2017), obra que trata de la crisis migratoria actual; o las reflexiones del personaje de Cioran sobre la insistencia con que las autoridades francesas quieren que adopte la nacionalidad francesa en *Los rodeos de Cioran o Buhardilla en París con visas a la muerte y El espectador condenado a muerte* (Universitat de València, 2017: escena 7, págs. 70-77).

[4] La obra fue representada en 2008 por el Teatro KAZE de Tokio, con dirección de Petru Vutcarau en Tokio, Chisináu y Bucarest. Previsiblemente, será repuesta en 2024 por el mismo grupo teatral en Japón.

[5] Los títulos en castellano corresponden a obras ya traducidas a esa lengua; acompañamos los títulos —ya sea en rumano o francés— de las no traducidas a esa lengua con una traducción entre corchetes la primera vez que con citados.

tal vez el personaje histórico y el mito más conocido de Francia, y uno de sus mayores símbolos, ¿qué se podía aportar de nuevo con otra pieza sobre el tema?

Juana y el fuego es el sorprendente fruto del reto asumido por Matei Visniec. Uniéndose a los artistas, poetas y hombres de letras que, como dice un personaje de esta obra, desenterraron a la Doncella de Orleans de un olvido de tres siglos (escena 7), Matei Visniec aporta otra creación sobre el tema, pero con un sello que, recogiendo el mito tradicional, es paradójicamente, a la vez, muy personal.

A primera vista, se trata de teatro histórico legendario. El propio autor, en su breve prefacio, nos indica que se empapó de la bibliografía sobre el tema para escribir esta obra, retomando incluso o reformulando partes de algunos textos de la época, como, por ejemplo, los del proceso. En efecto, los anexos que figuran al final del libro dan cuenta de ese intenso trabajo. Así, el lector encontrará en esta obra la mayor parte de los hechos protagonizados por Juana de Arco según el relato tradicional: desde las voces celestiales que oía en su infancia hasta su infausta e injusta muerte en la hoguera, pasando por la gesta que supuso liberar la ciudad de Orleans, asediada por los ingleses, y conseguir la coronación de Carlos VII en la catedral de Reims, lo que cambiaría el curso de la Guerra de los Cien Años a favor de los franceses.

En la mera dimensión histórica legendaria de esta obra, ya se pone de manifiesto el genio teatral de Matei Visniec, pues no cuenta desde el principio hasta el final el consabido relato histórico, sino que enlaza una serie de cuadros dramáticos, unos históricos y otros inventados en mayor o menor proporción, que permiten, con saltos temporales y espaciales, el despliegue de la vida de Juana de Arco. Así, en ocasiones, el mito y el contexto histórico se recrean a través de sorprendentes escenas inventadas: una conversación entre un ladrón de cadáveres y un monje que cruza un campo de batalla, acompañado de una niña sucia y fea; un bufón que despierta al rey para leerle la lista de todas las burlas e infamias que dicen de él; una audiencia de vírgenes iluminadas donde los jueces son bufones, etc. Por otra parte, aunque los acontecimientos siguen su curso temporal desde el principio —el viaje de Juana a Chinon para encontrarse con el rey— hasta el final —el suplicio de Juana y el epílogo de los falsificadores de la historia—, se producen numerosas distorsiones temporales. En algunos casos, simplemente porque en un momento del desarrollo de la obra se evocan cosas acaecidas en el pasado, como, a modo de ejemplo, la infancia de Juana. Pero, en otras ocasiones, asistimos a transiciones temporales, espaciales y objetuales fantásticas que nos llevan, por sorprendentes vías, de unos momentos a otros de la historia conocida. Así, a modo de ejemplo, el árbol de las Hadas se convierte en la estaca del suplicio de la mártir (escena 19); Juana pasa de jugar a la gallinita ciega con sus amigas de infancia a encontrarse ante el temible tribunal de la Inquisición, con la mediación de un bufón que le explica su destino (escenas 16 a 18); o, aún más sorprendente, Juana, ya muerta, hace que su verdugo le cuente al público cómo fue su suplicio. Es también llamativo cómo algunos objetos o seres enlazan, de modo fantástico, unos momentos con otros: ya hemos citado el árbol de las Hadas convertido en estaca del suplicio; también es el caso de las ratas y las ratoneras: ratas que los esqueletos de la danza de la muerte hacen con retales, y que van cayendo en ratoneras para alimentar la población asediada de Orleans; ratas servidas después en bandejas para comer a los famélicos asediados; ratas que, después, el duque de Bedford saca de sus ratoneras para montar un extraño dispositivo de trampas con estas, al tiempo que le cuentan las hazañas de Juana de Arco; y finalmente, ratoneras que trepan por el cuerpo de Juana durante su suplicio hasta cubrirla enteramente.

Las modalidades representativas son, además, muy variadas. Unas veces, el diálogo o el monólogo nos permiten recrear la historia; otras veces, algún personaje asume el papel de narrador, dirigiéndose incluso directamente al público o se discute sobre lo que se va a representar. Y también hay espacio para espectáculo de música, danza y mímica: canciones, con letras expresamente escritas para la función, danza medieval de la muerte e incluso mímica digital en ese sorprendente *teatrillo de dedos*, que cuenta la liberación de Orleans. En resumen, la obra permite un gran despliegue de creatividad en la puesta en escena; de hecho, el propio autor, da sugerencias —como el uso de marionetas en algunos casos—, animando a la propia inventiva del director teatral.

Solo con todo esto, ya tendríamos una obra digna de figurar entre las más interesantes y entretenidas de las dedicadas a la *Pucelle d'Orléans*. Pero hay más.

La ficción dramática tiene aquí una construcción compleja, con frecuentes metalepsis, esto es, interferencias entre la realidad y la ficción o entre los niveles de la ficción, como también se puede apreciar en otras obras del autor[6]. Se trata, en primer lugar, de teatro dentro del teatro, ante un público con el que hay varias interferencias: el personaje narrador y el personaje de Juana de Arco, entre otros, lo interpelan o se dirigen a él en oca-

[6] Véase a ese respecto nuestros trabajos: "El ciclo ruso en la obra de Matei Visniec", en Visniec, Matei, *El ciclo ruso*, vol. 1, traducciones de Catalina Iliescu y Elizaveta Tsririna. Universitat de València, 2023, págs. 28-32 ; y "L'auteur et ses personnages dans le caléidoscope spéculaire du théâtre de Matei Visniec", *Caietele Echinox / Echinox Journal*, nº 39, 2020, págs. 239-254.

siones; y hasta el personaje verdugo pasa entre los asientos para repartir, al final de la función, las cenizas del cuerpo quemado de Juana de Arco. Así pues, los espectadores son, a la vez, público *real* y público *personaje* de la ficción dramática marco.

La pieza comienza con la llegada al escenario de una compañía de actores errantes que, en boca de su director —el personaje narrador— saludan al público y le anuncian lo que se va a representar: la historia de Juana de Arco. La transición del universo de ficción marco —la representación teatral— al universo enmarcado —la historia de Juana de Arco— se produce entonces, pues, a medida que el narrador dice qué personajes se necesitan para la historia, los actores los encarnan disfrazándose de ellos. Todo se complica cuando, de pronto, sale de un baúl una muchacha no perteneciente a la compañía y que dice ser Juana de Arco, pero la *verdadera* Juana de Arco: "Soy Juana la Doncella y he venido a contar la verdadera historia de Juana de Arco" (escena 1). Así pues, dentro de la ficción marco, que protagonizan el director y los actores, irrumpe un personaje que dice ser real como ellos. Y si eso le parece imposible al director, ya que Juana de Arco murió hace siglos, esta es la respuesta que recibe de quien dice ser la Doncella de Orleans: "Juana de Arco es un mito, soy un mito, y los mitos nunca mueren. Y como contáis mal mi historia, he venido yo misma a contar mi verdadera historia..." (escena 1). En otras palabras, un personaje de la historia que el director teatral va a contar y hacer representar, se rebela contra este afirmando que es tan real *o más real* que él y los actores; y eso, porque tiene la perennidad del mito.

Los encuentros y las tensiones entre un autor y sus personajes, conducentes en ocasiones a la rebelión de estos últimos, aparecen con frecuencia en las obras de Matei Visniec. Es lo que le ocurre, a modo de ejemplo, al personaje autor de *La vieille dame qui fabrique 37 cocktails Molotov par jour* [*La vieja que fabrica 37 cócteles molotov al día*]: cada vez que inventa un personaje, este llama a la puerta y se presenta ante él, llegando incluso a cambiarle lo que escribe[7]. Además, el propio Matei Visniec, refiriéndose a su escritura, ha expuesto cómo sus propios personajes secundarios se le han impuesto, en ocasiones, como principales[8]. Así pues, lo que sucede al principio de *Jeanne et le feu* tiene eco en otras obras del autor. Ahora bien, la tensión entre personaje y autor adquiere una nueva dimensión en esta pieza, pues lo que plantea la discusión entre ellos es si la historia que se cuenta habitualmente de Juana de Arco es o no es *verdadera*.

Tras poner de manifiesto sus diferentes puntos de vista, el narrador y Juana de Arco llegan a una sorprendente entente: cada uno de ellos contará la historia a su manera, alternándose de acto en acto. Aunque no siempre quedará claro quién cuenta cada escena, se vislumbra, frente al mito tradicional que defiende el personaje de Juana de Arco, otra perspectiva distanciada, que busca una visión más racional de los hechos transmitidos por la tradición. En ese sentido van estas palabras del narrador: "Lo que esta chica cuenta desafía el entendimiento. No podemos representar en serio lo que cuenta" (escena 9). Previamente, Juana ya se había escandalizado al ver cómo se representaba un episodio crucial de su historia, dirigiéndose al director y los actores con estas palabras (escena 8):

---

[7] Véase *La vieille dame qui fabrique 37 cocktails Molotov par jour*, Benquet, Éditions Ecritures Théâtrales Grand Sud-Ouest, vol. 7, 2009, pág. 3.

[8] Véase "¿Qué es una obra corta?", en *El bolsillo del pan, Caballos en la ventana, La araña en la herida*, prólogo y traducción de Angelica Lambru y Evelio Miñano. Universitat de València, 2021, págs. 29-32.

> Me hacéis reír, maestro narrador. Me hacéis reír, maestros bufones. Me hacéis reír y me dais pena, honrados actores... No sabéis contar mi historia... *(Todos los miembros de la compañía vienen al escenario. "Los Bufones" se quitan algunos accesorios y elementos del vestuario para volver a convertirse en "Actores". Se dirige al público.)* Los narradores siempre contaron mal mi historia. Fijaos, no soy solo Juana la mal juzgada, sino también Juana la mal contada. *(Al Narrador).* ¿Por qué queréis encontrar una explicación racional allí donde solo hubo puro milagro? ¿Por qué queréis descubrir fuerzas oscuras allí donde solo hubo fe y serenidad?

Hay matices importantes en las dos preguntas acusadoras de Juana de Arco: arremete contra los que buscan una explicación racional, porque no creen en "el puro milagro", pero también contra los que buscan "fuerzas oscuras", esto es, la mano del demonio o la brujería en su gesta. En cuanto a estos últimos, la obra tomará una actitud muy clara poniendo de manifiesto la injusticia, las falsedades y la crueldad con que fue tratada Juana de Arco por los que la juzgaron y condenaron a la hoguera, así como por los falsificadores de la historia que figuran en el epílogo. En cuanto a los primeros, la obra es más matizada y saca de ahí precisamente sus elementos más impactantes.

Para quien conozca la obra de Matei Visniec, es evidente que el autor real no puede creer que Juana de Arco fuera instrumento de una intervención divina. Como exponíamos anteriormente, el hecho de que Matei Visniec rinda homenaje a su patria de adopción no le impide ser crítico con ella. De alguna manera, es lo que hace aquí: reconoce la grandeza del mito de Juana de

Arco, pero se distancia de él sugiriendo una perspectiva crítica, cosa que, por otra parte, tampoco lo aleja de la cultura francesa. Ahora bien, no da una clave histórica y segura para comprender los asombrosos acontecimientos que protagonizó Juana de Arco. Llevado de la mano de sus apreciados bufones, por la senda de la ironía y la fantasía, dará una explicación que no desvelaremos al lector, para no atenuar el placer de descubrirla. Una explicación que no pretende tanto ser cierta como empujarnos a mirar la historia transmitida con ojos críticos. Y es que esa explicación alternativa, aun irónica y referida a un episodio concreto, no hace sino proyectar la sombra de la duda sobre la parte divina de la gesta de Juana de Arco mensajera de Dios.

Pero, hay algo más. Matei Visniec añade elementos fantásticos a la historia tradicional. Algunos de ellos consisten en distorsiones del tiempo y el espacio que, a fin de cuentas, no suponen un menoscabo de lo que ha transmitido la tradición. Así, el hecho de que Juana de Arco muerta le haga contar a su verdugo Geoffroy Thérage, dirigiéndose al público, los macabros detalles de su suplicio en la hoguera será algo fantástico, pero que no desdice la historia tradicional, ya que el verdugo la respeta en sus detalles: cómo hicieron para aumentar el suplicio de Juana en la hoguera, cómo apartaron unos momentos el fuego para que la gente se convenciera de su muerte viendo su cuerpo quemado, cómo se resistió su corazón a convertirse en cenizas, etc. Y lo mismo ocurre cuando, en una escena, Juana pasa de jugar a la gallinita ciega con sus amigas de infancia a encontrarse ante el temible tribunal de la Inquisición. Sabemos que esa transición es fantástica, pero es una suerte de licencia artística que no altera nada esencial en el mito.

Ahora bien, los elementos fantásticos pueden tener mayor alcance. Matei Visniec no ha borrado todos los elementos de relato legendario piadoso; prueba de ello es esa paloma blanca que acompaña varias veces a Juana en su historia o los halos de los santos que aparecen durante la coronación del rey. Pero el autor ha introducido un personaje fantástico en la obra, al que ha dado un papel esencial: el unicornio, identificado con el hada del Bello Mayo, el árbol donde jugaba Juana con sus amigas de infancia. Aparece en momentos cruciales de la historia, acompañando o incluso sustituyendo a otras representaciones más acordes con el cariz piadoso de la leyenda. Así, Juana aparece montada en un unicornio para liberar Orleans. El animal fantástico también interviene en la coronación de Carlos VII, que no tiene lugar en la catedral de Reims, sino ante el árbol de las Hadas: allí, Carlos es coronado con una corona de flores hecha por las niñas y llevada a él por el unicornio, al tiempo que el único público de este magno evento es la fauna que aparece en las ramas del árbol, junto a los halos de los santos. Tiene, después, dos apariciones durante el proceso. En primer lugar, mientras Juana escucha una *voz* que podría ser celestial, pues le anuncia lo que padecerán en el futuro sus injustos jueces, aparece el unicornio: *"Una aparición onírica que nadie advierte, salvo, después, Juana, quien cae de rodillas"* (escena 18), por lo que nos podemos preguntar si esa *voz* no será, en realidad, la de ese *unicornio*, nacida por tanto de la propia Juana. Poco después, durante su confesión forzada ante los jueces, Juana se acerca al unicornio, invisible para estos, y lo acaricia, hasta que lo deja ir para reencontrarse por última vez con él, *con las crines en llamas*, mientras el verdugo cuenta su suplicio al público.

Matei Visniec parece *jugar a dos barajas*, lo que no es sorprendente a la luz de la pregunta retórica del personaje narrador de esta obra: "¿No es el teatro un lugar donde se producen milagros?" (escena 1). Así, junto a los elementos del relato piadoso tradicional, con sus voces divinas, ha añadido elementos para, al menos, sembrar la duda. Y lo hace sutilmente, porque ese unicornio tiene unas evocaciones simbólicas que pueden ser convergentes con el relato tradicional —pureza, castidad, inocencia de Juana, etc.—, pero también pueden tener otra dimensión. Y por dos razones: en primer lugar, porque los símbolos no tienen solo el valor acuñado por la lectura tradicional; en nuestra opinión este unicornio induce más a una exploración de sentidos —incluso eróticos, si recordamos lo que dice la leyenda sobre el modo de capturarlo...— que a una parada en uno o varios sentidos determinados, ya que podemos dar rienda suelta a nuestra imaginación para ver en ese unicornio algo que nos aleja del relato tradicional piadoso. Y, en segundo lugar, porque no deja de ser significativo que un animal fantástico acompañe o sustituya otros entes más acordes con la leyenda religiosa en momentos tan cruciales como el juicio o el suplicio.

Así pues, Matei Visniec recoge la historia sacra tradicional pero se distancia de ella mediante una ironía y una fantasía que no afirman ninguna verdad, sino que, al calor de la risa y de la imaginación que provocan, nos inducen a buscar otra explicación de los hechos protagonizados por Juana de Arco. Paradójicamente, eso se hace respetando el mito construido y transmitido, pese a la mordacidad con que se tratan algunos episodios. En primer lugar, porque la historia tradicional de Juana de Arco tiene valor en sí como obra de imaginación, independientemente de cualquier credo. Como dice el narrador: "¿No es el teatro un lugar donde se producen milagros?". Pero, sobre todo, porque, pese a la distancia irónica que podamos observar, la obra respira una inmensa ternura por el personaje real de Juana de Arco. Fuera o no fantasía lo que la impulsó, el autor parece profundamente conmovido por los actos protagonizados por la joven, por su sincera convicción e inmensa valentía, por la fuerza de su imaginación y su voluntad, tal vez simbolizada por el unicornio que la acompaña. Ciertamente, habrá quien se ría de ella en la obra, diciéndole que no es el *milagro* que cree ser, pero no es ella la diana de los dardos crítico e irónicos del autor. Estos apuntan, sobre todo, a los poderosos que se aprovecharon de ella: al propio Carlos VII, poco afectado al saber que Juana ha sido capturada; al duque de Bedford y Juan de Luxemburgo, que protagonizan un vergonzoso regateo para venderla y comprarla; a los que la juzgaron y condenaron injustamente; y hasta al consumismo moderno que aprovecha su nombre para productos comerciales.

Historia y fantasía, ternura e ironía tienen cada una su campo, en una paradójica entente, pues, aunque la ironía aflore con los bufones, la historia tradicional de Juana de Arco está recogida; pues, aunque la ironía nos haga esbozar más de una sonrisa, nos conmueve la ternura con que el personaje real de Juana es tratado. Todo ello no es sino una invitación para volver a visitar este mito, para disfrutarlo e indagar en él.

OBRAS DE MATEI VISNIEC TRADUCIDAS AL ESPAÑOL

La palabra progresa *en boca de mi madre sonaba tremendamente falsa*, estudio preliminar y traducción de Evelio Miñano. Universitat de València, 2013.

En la mesa con Marx, traducción de Angelica Lambru y Evelio Miñano, introducción de Angelica Lambru y epílogo de Evelio Miñano. La Garúa: Santa Coloma de Gramenet, 2017.

Los rodeos de Cioran o Buhardilla en París con vistas a la muerte y *El espectador condenado a muerte*, estudios introductorios y traducciones de Evelio Miñano y Angelica Lambru, Universitat de València, 2017.

Migraaaantes o En este puto barco sobra gente o El salón de la alambrada, introducción y traducción de Evelio Miñano. Universitat de València, 2017.

Por qué Hécuba, traducción e introducción de Evelio Miñano. *ADE teatro*, 2018, nº 170, págs. 67-86.

Cómo domé un caracol en tus senos, traducción e introducción de Evelio Miñano. Vigo: Ediciones Invasoras, 2020.

El extraterrestre que quería de recuerdo un pijama, traducción de Angelica Lambru. Vigo: Ediciones Invasoras, 2020.

El bolsillo del pan, Caballos en la ventana, La araña en la herida, prólogo y traducción de Angelica Lambru y Evelio Miñano. Universitat de València, 2021.

El ciclo ruso, vol.1*: La historia de comunismo contada a enfermos mentales* y *Ricardo III no tendrá lugar o Escenas de la vida privada de Meyerhold*, prólogo a los dos volúmenes de Evelio Miñano, prólogo y traducción de cada obra de Catalina Iliescu Gheorghiu y Elizaveta Tsirina Fedorova. Universitat de València / Universitat d'Alacant, 2023.

El ciclo ruso, vol. 2: *La máquina Chéjov* y *Nina o De la fragilidad de las gaviotas disecadas*, prólogo y traducción de cada obra de Evelio Miñano y Alfonso Hierro Delgado. Universitat de València / Universitat d'Alacant, 2023.

Se contrata payaso, Tres noches con Madox y otras obras cortas, prólogo de Angelica Lambru, traducción de Angelica Lambru y Evelio Miñano. Universitat de Valencia, 2023.

Los últimos días de Occidente, introducción de Evelio Miñano, traducción de Angelica Lambru y Evelio Miñano. Madrid: Verbum, 2023.

Prefacio del autor

El autor ha consultado una amplia bibliografía para escribir esta pieza, en particular los documentos del juicio. Numerosas réplicas, sobre todo en la escena del juicio, retoman palabra a palabra las preguntas hechas por los jueces y las respuestas dadas por Juana.

Otras réplicas retoman algunos testimonios de la época relativos a Juana de Arco. Para facilitar la lectura, el autor ha entrecomillado esos préstamos y, en su mayor parte, los testimonios de la época han sido reformulados en la lengua francesa de hoy.

Esta obra de teatro fue un encargo por parte del Teatro KAZE de Tokio, que encomendó la puesta en escena a Petru Vutcarau, el director del Teatro Eugène Ionesco de Chisináu, Moldavia. Ya fue montada en el año 2008 en Tokio, en Chisináu y en Bucarest, prueba de que el mito de Juana de Arco todavía cautiva y rebasa las fronteras de Francia.

MATEI VISNIEC

Juana y el fuego

Traducción de

Maryana Gudyma

Alejandra Lechiguero Armero

Evelio Miñano Martínez

PERSONAJES

Una compañía de ACTORES errantes

(un mínimo de siete actores, hombres y mujeres, con papeles intercambiables) o bien:

EL NARRADOR

JUANA DE ARCO

EL LADRÓN DE CADÁVERES

EL MONJE

HAINSELIN, BUFÓN REAL

Otros BUFONES

Varias ILUMINADAS que quieren salvar a Francia

YOLANDA DE ARAGÓN

EL REY CARLOS VII

HAUVIETTE

MENGÈTE

EL UNICORNIO

EL DUQUE DE BEDFORD

JUAN DE LUXEMBURGO

UN MENSAJERO

PIERRE CAUCHON

LOS JUECES

EL VERDUGO

EL RECTOR

LOS HISTORIADORES

Otros personajes con breves y sorprendentes apariciones y papeles intercambiables: LA MUERTE, LOS ESQUELETOS, EL CAMPESINO, etc.

ESCENA 1

Prólogo

Entra la compañía de ACTORES encabezada por el NARRADOR. Los ACTORES llevan varios baúles llenos de disfraces y accesorios, así como varios biombos.

EL NARRADOR: ¡Buenas noches a todos! Os agradecemos de todo corazón que nos hayáis acogido en vuestra casa para haceros partícipes de nuestro humilde arte. Como sabéis, venimos de lejos. Somos una compañía de actores errantes, enamorados de las artes escénicas. Al mismo tiempo, somos actores y payasos, juglares y cantantes, narradores y mimos, titiriteros y bailarines... El teatro es nuestra vida; haceros reír y llorar a la vez es nuestro oficio... *(A los otros miembros de la compañía).* Amigos míos, ¿estáis listos?

TODOS *(explosión de alegría, todos agitan sus sombreros, sus pañuelos, sus máscaras y otros accesorios)*: ¡Sí! ¡Allá vamos! ¡En marcha!

EL NARRADOR: Venga, venga, seamos serios. Porque esta noche vamos a contar a nuestros amigos reunidos aquí una triste historia. La historia de Juana de Arco... *(Un ACTOR saca un laúd; otro, una especie de flauta; otro, un caramillo, etc. Empiezan a tocar música medieval).* Así que... preparaos... Poneos vuestros disfraces... *(Los ACTORES abren los baúles y colocan los biombos. Se ponen a rebuscar en los montones de disfraces, a vestirse y a maquillarse).* ¡Que empiece el espectáculo! Entonces, ¿quiénes son los personajes...? *(Lee una lista).* Necesitamos un rey y un caballero... *(Entra un*

ACTOR vestido de rey y otro vestido de caballero). Aquí están, eso es... Necesitamos también un fraile, un general, un soldado... *(Entran los ACTORES que encarnan los respectivos personajes de la Edad Media).* Un obispo, un bufón, un verdugo... *(Apariciones y desapariciones rápidas de los personajes. El director teatral puede optar también por una presentación de marionetas que lleven los respectivos disfraces).* Una reina, una dama de honor, un trovador, un profesor de Universidad, un campesino, una campesina, un burgués, un mercenario... *(Las apariciones y desapariciones de los personajes se aceleran).* Un mensajero, un carcelero, un alquimista, una iluminada, una bruja, un inquisidor...

ACTOR 1: Maestro...

EL NARRADOR *(entusiasmado)*: Una monja, un cardenal, un mendigo...

ACTOR 2: Maestro narrador...

EL NARRADOR *(aún entusiasmado)*: Un capitán, un almirante, un ladrón...

ACTORES 1 y 2: ¡Maestro!

EL NARRADOR: Un unicornio...

ACTORES 1, 2, 3 y 4: ¡¡Maestro narrador!!

EL NARRADOR *(aún entusiasmado)*: En fin, necesitamos... a Juana de Arco, a Carlos VII rey de Francia, al duque de Bedford regente de Inglaterra, a Felipe el Bueno duque de Borgoña, a Pierre Cauchon obispo de Beauvais, a Isabel de Baviera madre de Carlos VII...

TODOS LOS ACTORES: ¡¡¡Maestro!!!

EL NARRADOR: Pero, ¿qué pasa?

ACTOR 1: Maestro, empezamos mal...

EL NARRADOR: ¡¿Qué?!

ACTOR 1: Empezamos mal, maestro. Nuestros anfitriones no entienden nada.

ACTOR 2: Hay demasiados personajes... Hay demasiados nombres...

EL NARRADOR: Pero así es la historia, siempre es complicada...

ACTOR 3: Maestro, empecemos por el principio...

EL NARRADOR: Ah, sí... *(Al público).* Perdonadme, amigos míos. Lo había olvidado. Toda historia empieza con un narrador. *(Música. El Narrador toma una mandolina. Su relato puede ser ilustrado con una actuación de marionetas).* Había una vez un país que se llamaba Francia. Y, durante mucho tiempo, ese país fue el más bello, el más fuerte, el más feliz de todos los países que lo rodeaban... Pero resulta que un día la nobleza de ese país empezó a devorarse entre sí... Y los nobles arrastraron tras ellos a los otros a la batalla... Los burgueses, los prelados, los universitarios, los soldados, los campesinos se separaron en dos bandos... Los armañacs por un lado, los borgoñones por otro... Y la guerra duró cien años. Ayudados por los ingleses, los borgoñones echaron al rey de París y ocuparon la mitad del país... Francia ya no era más que una herida, un campo mortal, un montón de ruinas... Por culpa del hambre y de la peste, los campesinos caían como moscas... *(Tres campesinos se desploman).* Los ladrones eran dueños de los caminos... *(Tres ladrones se abalanzan sobre un viajero y lo despojan de todo su equipaje y de toda su ropa).* Los mercenarios, mal pagados, se mataban entre ellos por un bocado de pan. *(Un mercenario mata a otro para quitarle un trozo de pan; enseguida lo mata un tercero, etc.).* Ya no había esperanza... El pueblo, atemorizado, pedía ayuda a Dios...

La compañía representa una procesión. Un Fraile *que lleva una cruz enorme abre la procesión, seguido por varios flagelantes. Algunos se arrastran arrodillados, etc. Todo el mundo canta* Ave María. *Todos giran alrededor de un gran baúl. El baúl se abre.* Juana de Arco *sale del interior del baúl.*

JUANA DE ARCO: ¡Escuchadme, todos! Francia no ha muerto. ¡Dios me envía para salvar al rey y a Francia!

EL FRAILE: ¿Quién eres, muchacha?

JUANA DE ARCO: Soy Juana de Arco, y Dios me ha elegido para salvar a nuestro rey y para echar a los ingleses fuera de Francia.

Todo el mundo empieza a reír.

CAMPESINO 1: Vaya, otra loca... Otra iluminada...

CAMPESINO 2: Todos los días, todos los días aparecen iluminadas y locos que afirman ser enviados por Dios para devolver la paz a este país...

CAMPESINO 3: Estoy harto de esos charlatanes...

CAMPESINO 4: Venga, vete, brujilla... Déjanos en paz...

JUANA DE ARCO: Y, sin embargo, es verdad. Soy Juana la Doncella y voy a salvar a Francia...

El Narrador *interrumpe la escena.*

EL NARRADOR: Esperad, esperad... No es así como yo quería contar esta historia... ¿Quién es esa chica? No es de la compañía...

LOS ACTORES: ¿Cómo? ¿Qué ocurre?

EL NARRADOR: Esa chica no es de la compañía. ¿De dónde sale esa cría?

ACTOR 1: Es verdad, no es de la compañía. ¿Qué diablos haces aquí, chiquilla?

JUANA DE ARCO: Soy Juana la Doncella y he venido a contar la verdadera historia de Juana de Arco.

EL NARRADOR: Espera, espera... ¿Has venido a fastidiarnos el espectáculo? No puedes ser Juana de Arco. Juana de Arco murió hace casi seis siglos.

JUANA DE ARCO: Qué va, no es cierto. Juana de Arco es un mito; soy un mito; y los mitos nunca mueren. Y como contáis mal mi historia, he venido yo misma a contar mi verdadera historia...

EL NARRADOR: Ya no entiendo nada. ¿Quién ha dejado entrar a esta chica en el teatro? Se supone que no debería molestarnos... Yo soy el narrador y solo yo contaré la historia de Juana de Arco.

JUANA DE ARCO: No, señor narrador. Usted no puede contar la verdadera historia de Juana de Arco sin la verdadera Juana de Arco.

EL NARRADOR: Escuche, señorita, no irá usted a afirmar que es la verdadera Juana de Arco. Es cierto que en el teatro se pueden imaginar muchas cosas, pero no por eso se puede afirmar lo que sea. Ser enviado por Dios, por ejemplo...

JUANA DE ARCO: ¡Claro que sí! Me salís otra vez, ahora, con los mismos argumentos que hace seiscientos años. Seguís hoy igual de ciegos que hace seis siglos. Os lo digo y os lo repito: soy enviada por Dios. He oído las voces de santa Margarita y de santa Catalina, que me piden que esté lista... Son ellas, santa Margarita y santa Catalina, quienes me han pedido que abandone mi pueblo, mi casa y a los míos para ir al encuentro del rey... Son ellas quienes me han pedido que tome las armas, que eche a los ingleses y que haga coronar al rey en Reims... Son ellas...

EL NARRADOR: ¡Basta! De acuerdo... ¿Por qué no, después de todo...? Yo la creo, señorita. ¿No es el teatro un lugar donde se producen milagros? Si es usted de verdad Juana de Arco y quiere de verdad representar el papel de la verdadera Juana de Arco, nada tengo en contra. Pero no olvide que estamos en el teatro. Ya tenemos un narrador y hay que cederle, a él también, la palabra. Así que, ya está, esto es lo que vamos a hacer. Vamos a contar, cada uno a nuestra manera, la historia de la verdadera Juana de Arco. Nos alternaremos de escena en escena. Porque el tiempo apremia y, en el teatro, el espectáculo tiene que terminar puntual... Esto no es como los malos espectáculos de la historia que a veces duran años y años... *(Echa a suertes con una moneda).* Ya está, veremos quién cuenta la siguiente escena. ¿Cara o cruz, señorita Juana?

JUANA DE ARCO: Cruz.

EL NARRADOR *(después de haber tirado la moneda)*: ¡Ajá! Ha perdido, señorita verdadera Juana de Arco. No sé por qué, pero los narradores siempre ganan frente a la historia. Empezaré, pues, contándoos cómo Juana de Arco llegó a casa de nuestro rey Carlos VII, y quién ayudó en realidad a Juana de Arco a cruzar la mitad de Francia e ir a la ciudad de Chinon, donde se encontraba el rey.

Tres golpes de gong.

ESCENA 2

El campo de batalla

En la noche, un campo de batalla iluminado por la luna. Un Ladrón de cadáveres pasa entre los cuerpos de los soldados muertos. Les quita a los soldados muertos las túnicas, las correas, las botas, etc. También rebusca en los bolsillos y en los equipajes de los muertos.

Dos sombras se acercan. Se trata de un Monje y de una joven muy sucia, vestida de harapos.

EL LADRÓN DE CADÁVERES: ¿Quién va?

EL MONJE: Somos pobre gente... Nos hemos perdido en la noche.

EL LADRÓN DE CADÁVERES: Hoy en día, la pobre gente puede ser tan peligrosa como los mercenarios y los bandidos.

EL MONJE: Lo sé, señor. Pero yo solo soy un monje mendicante...

EL LADRÓN DE CADÁVERES: ¿Y esa chiquilla?

EL MONJE: Solo es una pobre niña loca que estoy llevando de regreso a casa.

EL LADRÓN DE CADÁVERES: ¿A dónde vais?

EL MONJE: Buscamos el camino que conduce a Chinon.

EL LADRÓN DE CADÁVERES: ¿Y por qué viajáis de noche?

EL MONJE: Pues para intentar sobrevivir. De día, nos escondemos porque la región está llena de soldados, mercenarios, gamberros, salteadores de caminos y bandidos.

EL LADRÓN DE CADÁVERES: ¡Y, aun así, estáis cruzando un campo de batalla! ¿No habéis visto todos estos cadáveres?

EL MONJE: Claro que sí; nos parece más seguro pasar entre cadáveres. No tenemos miedo a lo muertos, sino a lo vivos.

EL LADRÓN DE CADÁVERES: Vamos, confesad que también sois saqueadores de cadáveres. No es motivo para avergonzarse. Así es la vida. Os he visto rebuscar hace un rato en los bolsillos de un fiambre.

EL MONJE: Solo buscábamos algo para comer. Estamos muertos de hambre, señor. Esta cría no ha comido nada en dos días.

EL LADRÓN DE CADÁVERES: Venid, entonces... Acercaos, padre, ya que decís que sois monje... Hace mucho que no pongo los pies en una iglesia ni hablo con un servidor de Dios... Sentaos en ese montón de botas... Compartiré con vosotros mis escasas provisiones, tal vez consiga así el perdón por mis pecados. Ven, niña, no tengas miedo. ¿Cómo te llamas?

LA NIÑA: Me llamo Juana.

EL LADRÓN DE CADÁVERES: Vaya, no está tan loca. Al menos, sabe decir su nombre... Pero, por Dios, qué sucia estás... Sucia y fea... Toma esto, pequeña... Es pan, pan del bueno... Un poco duro, pero veo que tienes buenos dientes... Come, desgraciada. Hoy has tenido suerte. Podrías haberte encontrado con un violador... Aunque, con lo sucia que estás... dudo que alguien se atreviera a tocarte. De todos modos, yo solo soy un pobre saqueador de cadáveres. Así que nunca le hago daño a nadie. *(Le tiende un trozo de pan al MONJE)*. Aquí tiene, padre...

EL MONJE: Gracias; que Dios os bendiga.

EL LADRÓN DE CADÁVERES: Ah, ya quisiera yo que me bendijera. Y que bendijera también un poco a Francia. Pero tengo la impresión de que Dios nos ha abandonado. A no ser que haya muerto. O duerma. O esté indignado con los cristianos. Por eso los deja matarse entre ellos desde hace cien años. Yo me llamo Jacquot. Y, al igual que mi padre y mi abuelo, soy saqueador de cadáveres. Pero ya no se gana mucho así. Cuando empezó la guerra, los soldados y los caballeros iban mejor equipados y mejor alimentados. Los caballeros, oh, los caballeros... llevaban armaduras cinceladas y engastadas de oro y plata... tenían los cascos coronados por plumas de avestruz de vivos colores.... y llevaban cadenas de oro al cuello... y, además, montaban suntuosos corceles, vestían espléndidos atavíos y pieles, con la bolsa siempre llena... Era un verdadero placer saquear el cadáver de un caballero... Pero, hoy, los combatientes son tan pobres como aquellos que saquean sus cadáveres... Los soldados están flacos, mal alimentados y mal vestidos... Ya no se saca nada por despojar hoy el cadáver de un soldado... Lo más valioso que tienen es la comida que se han tragado antes de matarse entre ellos. Pero yo detesto abrirles el vientre para rebuscar allí dentro... Algunos lo hacen, pero a mí... eso me da náuseas... Bueno, os dejo... Sed prudentes...

EL MONJE: Gracias por tu ayuda, cristiano... Dios lo recordará...

LA NIÑA: Gracias... *(El Monje le da un codazo para que se calle).* Me acordaré...

EL LADRÓN (a la Niña): Es una lástima que estés tan sucia... Y, además, apestas... Como si te hubieras revolcado en estiércol de caballo... Pero eso es buena cosa... Así no corres el riesgo de perder tu virginidad... El camino que lleva a Chinon está por allí...

ESCENA 3

Juana en Chinon

La escena tiene lugar en el castillo de Chinon. Dos sirvientes traen una bañera de madera y agua caliente. JUANA se desviste y se mete en la bañera. Cuenta su historia mientras se baña con ayuda de dos sirvientes.

JUANA DE ARCO: Me llamo Juana... Juana la Doncella... pero me llaman también Juanita. Y, como a menudo cuidaba de los animales cuando pastaban, me llaman también la pastorcilla... El pueblo donde nací se llama Domrémy. Mi padre se llama Santiago y mi madre se llama Isabel. Tengo una hermana que se llama Catalina y dos hermanos, Pedro y Juan. A Pedro, también le llamamos Perico. Y a Juan, le llamamos también Juanito o Juanillo. Mis mejores amigas se llaman Hauviette y Mengète. Con ellas, jugaba a menudo en el bosque. Nos gustaba ir donde una antigua haya, que llamábamos "el Bello Mayo". Allí esperábamos, a veces, a las hadas. Hacíamos coronas florales, las poníamos alrededor de todo el árbol y esperábamos, a veces, la noche entera. Pero las hadas nunca vienen. Solo venían, a veces, unos enfermos de fiebre a bañarse en una fuente que no estaba lejos. Se llama la fuente de los Groselleros, y la gente cree que sus aguas pueden curar la lepra e incluso la peste.

Me llamo Juana, no sé ni leer ni escribir, pero sé coser, sé hilar y sé hacer todos los trabajos del campo y de la casa. Quiero mucho a nuestras dos vacas, que a menudo ordeño. Una se llama Praline y la otra Bricole. También tenemos un burro que se llama Ruscot y un perro que se llama Job.

Pero ahora, todo eso es pasado. Todo eso está muy lejos. Ahora estoy en Chinon y me preparo para ser recibida por el rey.

Me llamo Juana y creo en Dios. Sé decir el *Pater*, el *Ave María* y el *Credo*. Fue mi madre quien me enseñó todo eso. Me gusta mucho rezar en las iglesias. En mi pueblo, la iglesia está justo al lado de mi casa... A veces, rezaba allí hasta dos o tres veces al día. Mis amigas, a veces, se reían de mí. Me decían: "Juana, rezas demasiado. No haces daño a nadie, ¿y, aun así, vas a confesarte sin parar? ¿Por qué?".

Me llamo Juana, tengo diecisiete años, soy una ignorante, pero oigo voces.

Al principio, no sabía de quién eran esas voces. Todavía era pequeña, y las voces decían: "Juana, Juana, el reino de Francia está en un estado lamentable". O bien: "Juana, Juana, ve a socorrer al rey de Francia". Oía las voces dos o tres veces por semana... Y ni siquiera sabía bien qué quería decir "Francia". Y luego lo entendí. Fue mi primo Durand Laxart quien me lo explicó todo el día en que fuimos a pelear por primera vez con los niños de Marcey, el pueblo vecino.

"Pues bien, Francia somos nosotros", me dijo Durand Laxart, "somos nosotros, porque aquí, en Domrémy, permanecemos todos fieles al rey de Francia. Mientras que ellos, la gente de Marcey, todos han jurado fidelidad a los ingleses y los borgoñones. Así que Francia ya no existe en sus corazones. Por lo tanto, ya no son Francia, siguen siendo nuestros primos, pero son traidores, lo que te digo...".

Y ya está; así fue como aprendí a pelear por Francia. Y ahora, voy a pedirle al rey que me dé un ejército para ir a echar a los ingleses...

Entra el Narrador.

EL NARRADOR: Juana, no puedes pedirle al rey que te dé un ejército.

JUANA DE ARCO: Claro que sí. Es lo que las voces me han dicho: "Ve con el rey, pide que te dé un ejército y ve a echar a los ingleses que están asediando la ciudad de Orleans". Señor narrador, ¿está lejos, la ciudad de Orleans?

EL NARRADOR: Sí, está lejos, nunca podrás llegar a Orleans.

JUANA DE ARCO: Pues, aun así, debo ir a ayudar a esa pobre gente de la ciudad de Orleans, asediada desde hace seis meses por esos malditos ingleses. Dicen que la pobre gente de Orleans ya no tiene nada que comer y que ahora se alimentan de ratas. Señor narrador, ¿es cierto?

EL NARRADOR: Es cierto, pero nunca podrás hacer nada por la gente de Orleans. Las chicas no hacen la guerra. Ni sabes manejar las armas, ni sabes mandar un ejército. No eres más que una pobre campesina, Juana. No sabes nada del arte de la guerra.

JUANA DE ARCO *(muy orgullosa)*: Sé montar a caballo. El año pasado trabajé en una posada, cerca de Domrémy, mi pueblo... Y, allí, aprendí a montar a caballo.

EL NARRADOR: Montar a caballo no significa nada. El ejército del rey no puede ser dirigido por una pobre campesina. El rey tiene sus generales veteranos, La Hire, Gille de Rais, Xaintrailles, Arthur de Richemont...

JUANA DE ARCO: Hay que despertar al rey de su sueño, señor narrador. Y, por eso, Dios me ha enviado a Chinon.

EL NARRADOR *(al público)*: Queridos amigos, esta chica cuenta disparates. ¿Quién puede creer, hoy en día, que esta chica sea de verdad la mensajera de Dios? Y sin embargo... ¿Qué sé yo? Lo único que sé es que a todos los pueblos les gustan los milagros. Venga, no iremos a pelearnos como los escolásticos; mejor será contar qué pasó. Hablábamos de un rey que debía ser despertado. Que lo despierten para que la historia pueda escribirse.

ESCENA 4

El despertar del Rey

Un Bufón entra empujando una cama adoselada. Coloca la cama en el centro del escenario y luego corre las cortinas de la cama. El Rey duerme en la cama.

EL BUFÓN: Majestad... Majestad, despertad.

EL REY: ¿Quién está ahí?

EL BUFÓN: Soy yo, Hainselin...

EL REY: Ni idea. ¡Largo!

EL BUFÓN: Majestad, soy vuestro bufón.

EL REY: No tengo bufón. Déjame en paz.

EL BUFÓN: Majestad, es cierto que no tenéis un céntimo y que nunca me habéis pagado... Pero no importa; soy y sigo siendo vuestro bufón.

EL REY: Un poco de respeto, Hainselin. ¿No ves que estoy durmiendo?

EL BUFÓN: Sí, pequeño rey, bien que lo veo; y, por eso, os digo: es hora de despertar.

EL REY: Me duele la cabeza, Hainselin. A mi padre también le dolía, a menudo, la cabeza. Creo que estoy muy enfermo.

EL BUFÓN: Majestad, ¡joder! ¡Salid de esa cama adoselada!

EL REY: Te cortaré la lengua, Hainselin. ¡No olvides que estás hablando con tu rey! De verdad que me cansan tus modales.... Primero, me abandonas, desapareces durante tres meses, ¡y luego tienes la cara dura de despertarme zarandeándome!

EL BUFÓN: En primer lugar, nunca os he abandonado. Y no olvidéis que vos me enviasteis en misión.

EL REY: ¿Misión? ¿Qué misión? Ya no me acuerdo.

EL BUFÓN: Sí, sí, me enviasteis en misión secreta. La más secreta de las misiones. No finjáis que no os acordáis.

EL REY: Te creía muerto. Por tanto, la misión queda anulada.

EL BUFÓN: Majestad, despertad y escuchadme bien, porque he traído la lista.

EL REY: ¿Qué lista?

EL BUFÓN: Me enviasteis a hacer la lista de todos los insultos con que os llaman en vuestro reino amputado por los ingleses y los borgoñones, así como en los territorios vecinos... Pues bien, he traído la lista... La lista de casi todas las infamias que se dicen de vos. Me disfracé de monje mendicante y pude recorrer el país sin problemas en todos los sentidos. Me detuve en muchas ciudades y pueblos, conventos y ferias... Fui a París, donde los ingleses mandan desde hace casi veinte años... Incluso logré colarme en la ciudad de Orleans, que los ingleses siguen asediando... Me di una vuelta por la corte del duque de Borgoña; y, ya que estamos, puedo deciros que la corte de vuestro tío, el gran duque de Borgoña, es hoy la más espléndida en toda Europa... Pero sigamos... Así que fui a todas partes, a Provenza hasta la corte del buen rey René, a Bretaña, a Luxemburgo donde mora el emperador Segismundo, a Baviera, que sigue siendo el feudo de vuestra madre... e incluso a Londres, donde el duque de Orleans no se siente, que digamos, muy desdichado como prisionero de los ingleses, ya que estos le permiten seguir escribiendo poemas... Así pues, he escuchado por todas partes lo que se dice de vos y.... aquí está la lista... La palabra que más se utiliza cuando hablan de vos es...

EL REY: "Bastardo", lo sé...

EL BUFÓN: Pues sí, es verdad, es lo que más se repite; y hasta vuestra madre, Isabel de Baviera, no deja de decirle a todo el mundo que no sois hijo legítimo de vuestro padre...

EL REY: Sigamos, sigamos... Dime qué has puesto en segunda posición...

EL BUFÓN: En segunda posición... "miedoso"...

EL REY: ¿No es "cobarde"?

EL BUFÓN: No, "cobarde" está en tercera...

EL REY: Bueno, léeme lo que sigue.

EL BUFÓN: Aquí está... Os llaman "sombrío, apático, deprimido, inquieto, suspicaz, tímido, desconfiado, huidizo, temeroso, receloso, desgraciado, envidioso"...

EL REY: ¿"Apagado"?

EL BUFÓN: Sí, eso también figura... En todas partes dicen que tenéis un carácter taciturno y frío, y que nunca nada podrá sacaros de vuestro letargo.

EL REY: ¿Y nadie, nadie dice algo bueno de mí?

EL BUFÓN: Claro que sí... A veces, las mujeres dicen que tenéis un temperamento melancólico...

EL REY: Es cierto. Nunca quise ser rey... Si mis dos hermanos mayores no hubieran muerto, me habrían dejado en paz...

EL BUFÓN: En la corte del duque de Borgoña, dicen que sois muy feo, apocado de cuerpo y espíritu, que tenéis ojos pequeños, cada uno de un color y turbios; la nariz, gorda y bulbosa, y que os sostienen mal vuestras piernas raquíticas de patizambo, heredadas de vuestra madre... También dicen que dais pena de la pinta que tenéis, que sois una vergüenza para el reino y que deberían encerraros en un convento o en una jaula para exhibiros en la feria...

EL REY: ¿Y el pueblo? ¿Qué dice mi pueblo querido?

EL BUFÓN: El pueblo dice que sois blandengue y perezoso. Y que vuestro silencio es una clara señal de que habéis heredado de vuestro padre un toque de locura... Y, además, el pueblo se divierte diciendo que no tenéis un céntimo... y se cuenta que un día, un zapatero que había venido a reclamar su dinero ante Vuestra Majestad, como no consiguió que le pagaran, os quitó el par de botas nuevas que calzabais...

EL REY: Está bien, está bien... ¿Y en Londres? ¿Qué dicen en Londres?

EL BUFÓN: En Londres dicen que sois el gran inválido de Francia, y que deberían poneros en un barco y dejarlo a la deriva en el Loira... También dicen que sois un fantoche en manos de vuestra madrastra Yolanda de Aragón y de la casa de Armañac... Pero que, de todos modos, pronto seréis barrido, porque la ciudad de Orleans ya no puede resistir... Y en cuanto caiga la ciudad de Orleans, los ingleses podrán cruzar el Loira y desalojaros de aquí, de Chinon, donde os escondéis como una rata...

EL REY: ¿Y en París? ¿Cómo me insultan en París?

EL BUFÓN: En París... veamos... Bueno, en París escuché principalmente a los universitarios, que son muy sutiles... Os consideran demasiado pequeño e insignificante como para insultaros... De hecho, no dejan de escribir y debatir sobre el sentido de la historia... Y todos están de acuerdo en decir que la vieja Francia ha acabado sus días y que, de ahora en adelante, será inglesa... Todos dicen que la llegada de los ingleses está en línea con la historia, y que el nuevo orden inglés abrirá una época de prosperidad y paz... Incluso hay universitarios que os envían cartas abiertas para pedir que os retiréis voluntariamente a España o a Provenza, dejando así que la historia siga su curso natural...

EL REY: ¿Y dónde están esas cartas abiertas? ¿Por qué nunca me dejan abrir mi correspondencia? ¡Hainselin, quiero irme de aquí enseguida! Puedo gobernar igual de bien desde Grenoble, Tarascón o...

EL BUFÓN: Majestad, si abandonáis Chinon, Francia está perdida.

EL REY: De todas formas, Francia está muerta, Hainselin. ¡Venga, larguémonos de aquí!

EL BUFÓN: Esperad, Majestad. Todavía tenéis una oportunidad para salvaros y salvar a Francia.

EL REY: ¿De qué estás hablando, Hainselin? He consultado a todos mis consejeros, a todos mis ministros, a todos mis generales, a todas las mentes brillantes de la Universidad de Poitiers que me han permanecido fieles, a todas las lumbreras de nuestra Santa Iglesia, e incluso a un astrólogo, un alquimista, una vidente y una bruja... Nadie tiene ni idea.

EL BUFÓN: Majestad, necesitamos un milagro.

EL REY: ¡Un milagro! ¡Un milagro! Llevo años rezando a Dios para que haga un milagro. *(Al cielo).* Dios omnipotente, dime si soy digno de este pobre reino de Francia. ¿Soy o no soy hijo de mi padre? Mi padre estaba loco, mi madre era la mujer más depravada del reino y se acostaba con todo el mundo. ¿Soy realmente hijo del rey, o soy un bastardo? ¿Cómo saberlo? Solo tú, Dios omnipotente, puedes darme la respuesta. Pero callas... Callas, y yo me atormento día y noche... La gente dice que soy taciturno, vago y miedoso... Pero no saben lo que se cuece en mi corazón. Señor, dime la verdad, para que pueda actuar... Envíame una señal, una pequeña señal para responder a esta pregunta... ¿soy yo hijo legítimo de mi padre, o no?

EL BUFÓN: Tranquilizaos, Majestad. El milagro ocurrirá.

Entra JUANA, vestida con ropa de hombre.

ESCENA 5

La hija de Dios

JUANA DE ARCO: Yo soy el milagro.

EL BUFÓN: ¡Pues no!

JUANA DE ARCO: Pues sí. Soy la hija de Dios, soy la enviada del rey de los cielos. Y le he escrito al rey de Francia esta carta: "Señor, vengo de las tierras de Lorena, me llamo Juana la Doncella y te traigo la prueba de que eres el verdadero rey de Francia. Todo lo que hago, lo hago por orden de Dios. Francia es el reino de Dios, y Dios ha decidido salvarlo. Y tú, noble delfín, ¡que sepas que Dios te ama y quiere que seas coronado en Reims!". Ya está, entregadle esta carta al rey; llevo tres días esperando aquí, a las puertas del castillo de Chinon, que el rey se decida a recibirme. Decidle que el tiempo apremia y que necesito su ejército para levantar el asedio de Orleans. Decidle también que necesito una armadura a medida y un pendón para poder conducir su ejército... Yo soy el milagro.

Aparece un segundo BUFÓN.

BUFÓN 2: No, Juana, no es cierto. Tú no eres el verdadero milagro.

JUANA DE ARCO: Claro que sí. Yo soy el milagro. Y le he escrito al rey de Inglaterra esta carta: "Rey de Inglaterra, devolved a Juana las llaves de todas las ciudades francesas que habéis conquistado. ¡Porque Juana la Doncella viene de parte de Dios! ¡Soldados ingleses, arqueros ingleses, todos vosotros que os encontráis ante la bella ciudad de Orleans, marchaos a vuestro país, por Dios! Si no lo hacéis, será Juana la Pastora quien os eche; y os juro que una multitud de ingleses perecerá. Y no lo haré por odio, sino porque tengo que cumplir lo que Dios me ha ordenado". Esta es la carta que he enviado al duque de Bedford, el regente de Inglaterra. Porque el milagro soy yo, por la gracia de Dios.

Aparece un tercer Bufón.

BUFÓN 3: No, Juana, eso no es cierto. Tú no eres el verdadero milagro.

EL BUFÓN: ¿Dónde estáis, señor narrador? Venid a poner un poco de orden en esta historia, porque me parece de verdad que descarrila. Decidle, por favor, a esta chica, a esta pastora analfabeta, que se calle un poco. El tiempo justo para que preparemos el milagro.

EL NARRADOR: Cállate, Juana. Deja a estos maestros de la bufonería y de la verdad, a estos servidores de los reyes de Europa, que cuenten cómo te inventaron. Nunca supiste, Juana, que, antes de tu llegada a Chinon, ese castillo acogió, en el más estricto secreto, el Concilio de los Bufones de Europa...

Dos trompetistas anuncian la entrada de los Bufones.

ESCENA 6

El Concilio de los Bufones

EL NARRADOR: ¡Sin trompetas, por favor! Sin trompetas y sin tambores. Este Concilio se celebra en el más absoluto secreto. Nadie nunca deberá saber que tuvo lugar. No figurará en ningún libro de historia, y ningún testigo podrá dar cuenta de su existencia. Pues bien, aquí tenemos a Maestro Hainselin Coq, bufón del rey Carlos VI, heredado por el delfín y futuro rey de Francia, Carlos VII. *(Trompetas y suave redoble de tambores; entra Hainselin).* Maestro Guillaume Fuel, bufón de la reina Isabel de Baviera, madre de Carlos VII. *(Trompetas y suave redoble de tambores; entra Guillaume).* Maestro Engelbert de Clèves, bufón de Felipe el Bueno, gran duque de Borgoña. *(Trompetas y redoble de tambores; entra Engelbert).* Maestro Triboulet I, bufón del rey René de Anjou. *(Trompetas y redoble de tambores; entra Triboulet).* Maestro Brusquet, bufón del duque de Bedford, regente de Inglaterra. *(Trompetas y redoble de tambores; entra Brusquet).* Maestro Chicot, bufón del emperador Segismundo de Luxemburgo. *(Trompetas y redoble de tambores; entra Chicot).* Mathurine la loca, bufona del duque Juan V de Bretaña. *(Trompetas y redoble de tambores; entra Mathurine).*

El Narrador se retira.

BUFÓN 1: Nobles bufones de los reyes... Nos hemos reunido hoy en el más absoluto secreto, en este Concilio de los Bufones Reales, para intentar responder a una pregunta esencial... es decir... ¿por qué nuestros reyes, nuestros regentes, nuestros príncipes, nuestros delfines y nuestros duques son tan gilipollas? *(Los*

BUFONES *reaccionan ruidosamente, haciendo muecas, etc.).* Y para ver si podemos hacer algo que les devuelva la razón. *(Los mismos gestos; los* BUFONES *reaccionan cómicamente).* Como sabéis, hace cien años que los cristianos están en guerra entre ellos. Cien años que Inglaterra lucha contra Francia, cien años que los franceses luchan entre sí... Ya es evidente que nuestros reyes son demasiado necios, demasiado cortos de entendimiento y que el orgullo los corroe demasiado para poder acabar con esto... *(Otras reacciones).* Y, al parecer, Dios prefiere no meterse en el asunto. Por el contrario, ha dejado que el Diablo se apodere del destino de los hombres... ¿Cómo podríamos explicar, si no, que los cristianos tengan ahora tres papas, listos para destrozarse también entre ellos? *(Los* BUFONES *resoplan, se parten de risa, etc.).* Así pues, queridos bufones de los reyes, está claro que el mundo se ha vuelto loco... Y solo nosotros, los bufones de los reyes, nosotros que estamos tan cerca de nuestros monarcas, podemos reaccionar...

BUFÓN 2: Digamos la verdad. Nuestros reyes, duques, príncipes y papas están locos de atar.

TODOS: Sí...

BUFÓN 3: Estúpidos, arrogantes, perezosos, crueles, glotones, vanidosos, inclinados al exceso... Son una verdadera lacra para nuestras ciudades y reinos.

TODOS: Sí...

BUFÓN 4: Son auténticos posesos... Deberíamos deshacernos de ellos.

TODOS: Sí...

BUFÓN 1: Exacto, por eso estamos aquí. Para responder a esta pregunta... ¿qué hacer cuando personas tan nocivas nos envenenan la vida?

BUFÓN 5: Hay que detenerlos a todos, al instante...

TODOS: Sí...

BUFÓN 6: Yo propongo raparlos primero, montarlos luego a cada uno en un burro y sacarlos así de nuestras ciudades...

TODOS: Sí...

BUFÓN 7: Yo propongo encerrarlos a todos en un convento... Y sacarlos a la ciudad solo durante los carnavales, las fiestas de locos y las mojigangas...

TODOS: Sí...

BUFÓN 2: Yo propongo acabar de una vez por todas con nuestros reyes y señores. No basta con encerrarlos en un convento, o incluso en una fortaleza bien custodiada... Debemos enviarlos todos a una isla desierta...

TODOS: Sí...

BUFÓN 4: Sí, apiñemos a todos ellos en un barco y empujemos el barco mar adentro...

BUFÓN 1: Bien, queridos amigos... Basta ya de bromas... El tiempo apremia. Os he convocado aquí para encontrar una solución, porque somos los únicos que tenemos cierto poder sobre nuestros amos. Recordemos que nuestros amos nunca aceptan la verdad, salvo cuando viene de boca de un bufón. Solo nosotros podemos insultarlos, parodiarlos, recordarles que son mortales y que la ruina súbita es la consecuencia lógica de los ascensos inesperados. ¿Cómo obligarlos a hacer las paces? ¿Cómo salvar a esta Francia, la flor de la cristiandad, para salvar a la cristiandad misma? Esta es la cuestión. A nosotros, que sabemos inventar tan bien historias divertidas para entretener a nuestros reyes, nos corresponde urdir un milagro para salvar sus vidas y sus pueblos.

BUFÓN 2: Los pueblos están angustiados. Se dice que el fin del mundo está cerca.

BUFÓN 3: También se dice que el Anticristo ha nacido y que ya se pasea por la tierra.

BUFÓN 4: Por doquier en nuestras ciudades, la gente se prepara para la muerte.

BUFÓN 5: ¿Habéis visto cómo esa horrible fiesta venida de Alemania, la danza de la muerte, se propaga por todas partes?

BUFÓN 6: Sí, la gente se disfraza de esqueleto y bailan día y noche en las calles hasta caer exhaustos.

BUFÓN 7: Pero, pero el pueblo espera un milagro.

BUFÓN 2: Hay una legión de profetas... París, Londres y Roma hierven de visionarios, iluminados, predicadores y salvadores.

BUFÓN 3: El Papa incluso ha instituido un comité de teólogos, cuya misión es distinguir las visiones que vienen del diablo de las que vienen de Dios.

BUFÓN 4: Por doquier, por doquier, la gente implora a la divina Providencia que salve a la humanidad.

BUFÓN 5: Desde hace dos meses, las procesiones de suplicantes recorren sin cesar las calles de París...

BUFÓN 6: El pueblo dice que Francia ha sido destruida por una mujer, una reina depravada y derrochadora, y que será también una mujer, una virgen venida de un bosque lejano, quien salve a Francia.

BUFÓN 2: En todo el país corre una profecía que se encontró en uno de los libros de Merlín el Encantador... Habla de una doncella que debe venir del bosque *Chenu*, de robles... Y sabéis muy bien que para el pueblo no hay profeta más venerable que Merlín, nacido de una mujer de la que abusó un diablo mientras dormía. De hecho, Merlín sacaba de ese origen su profunda sabiduría y el conocimiento de los números que dan la clave del futuro...

BUFÓN 3: Encontramos la misma profecía en un libro del monje Beda el Venerable, quien escribió como nadie más sobre teología y cronología, sobre los signos del zodíaco y las edades del mundo...

BUFÓN 1: Pues está claro... Necesitamos una virgen... Una bella pastora virgen y desconocida, una hermosa "hija de Dios". Eso es lo que salvará a Francia.

BUFÓN 2: ¿No podríamos traer al hijo nuevamente? Con el hijo funcionó muy bien...

BUFÓN 1: No, no podemos traer al hijo dos veces. El hijo lo dio todo. Ahora es el turno de la hija. Esto es lo que haremos... Prepararemos las mentes para la llegada de la hija de Dios, que traerá la paz a la tierra... Pero habrá que encontrar una bella virgen con una pizca de inteligencia...

BUFÓN 4: Encontrar una virgen no es problema. Hay cientos de ellas vagando por los caminos de Francia, y lo único que quieren es eso: salvar a Francia y al delfín. ¿Queréis que os traiga algunas vírgenes?

Hace un gesto. Un escudero hace entrar a una joven que está rezando.

ESCENA 7

La audición de las vírgenes iluminadas

BUFÓN 4: Di, muchacha, ¿es cierto que eres enviada por Dios para salvar a Francia?

CHICA 1 *(muy exaltada)*: Sí. Me envía la Virgen de la Misericordia. Y os digo que el reino de los cielos está cerca. Salid y predicad. Y no llevéis, en vuestros cinturones, ni oro, ni plata ni cobre. No llevéis ningún saco para el camino. No llevéis ropa de recambio. No llevéis ni zapatos ni bastones...

BUFÓN 1 *(al BUFÓN 4)*: Suficiente... Demasiado exaltada... Haz pasar a otra.

El escudero hace salir a la CHICA 1 y hace entrar a la CHICA 2, otra iluminada.

BUFÓN 4: Di, muchacha, ¿es cierto que eres enviada por Dios para salvar a Francia?

CHICA 2 *(un poco lúgubre)*: Sí, y digo que mi señor el delfín vencerá al rey de Inglaterra y a sus otros adversarios, y entonces dominará a todos los otros príncipes... Pero tendrá que hacer este año cinco peregrinaciones a la iglesia de Notre Dame du Puy para rendir homenaje a la santa Virgen...

BUFÓN 1 *(al BUFÓN 4)*: Suficiente... Demasiado lúgubre... Gracias. La siguiente.

Los mismos actos. El escudero hace entrar a una nueva candidata para el papel de salvadora de Francia.

BUFÓN 4: Di, muchacha, ¿es cierto que eres enviada por Dios para salvar a Francia?

CHICA 3 *(muy furibunda)*: Iglesia romana, te hice bella a rabiar, y todas las naciones admiraban tus encantos. Pero confiaste demasiado en tu belleza, es decir, en la abundancia de tus bienes temporales y en el poder secular, y te volviste culpable de fornicación por conceder al dinero lo que solo se debía a la virtud...

BUFÓN 1 *(al Bufón 4)*: Suficiente... Demasiado furibunda. La siguiente.

CHICA 3 *(gritando, mientras se resiste al escudero que intenta hacerla salir)*: Te entregaré, dijo el Señor, a los que te odian. Destruirán los lugares que has mancillado con tu infamia... Te despojarán de las vestimentas de tu gloria y te dejarán llena de ignominia...

El escudero hace entrar a la vez a dos chicas. Están cantando un salmo, con las miradas perdidas en el vacío. Bufón 1 hace una señal al escudero, que las hace salir. Entra Juana.

JUANA DE ARCO: Me hacéis reír, maestro narrador. Me hacéis reír, maestros bufones. Me hacéis reír y me dais pena, honrados actores... No sabéis contar mi historia... *(Todos los miembros de la compañía vienen al escenario. "Los Bufones" se quitan algunos accesorios y elementos del vestuario para volver a convertirse en "Actores". Se dirige al público)*. Los narradores siempre contaron mal mi historia. Fijaos, no soy solo Juana la mal juzgada, sino también Juana la mal contada. *(Al Narrador)*. ¿Por qué queréis encontrar una explicación racional allí donde solo hubo puro milagro? ¿Por qué queréis descubrir fuerzas oscuras allí donde solo hubo fe y serenidad?

EL NARRADOR: Juana, hacemos lo que podemos... No olvides que, después de tu muerte, durante tres siglos, el mundo te olvidó. Y fueron los artistas, los poetas y los hombres de letras quienes desenterraron del olvido a tu personaje. No los historiadores. Por eso, hacemos lo que podemos...

ESCENA 8

El examen de la virginidad

De noche. JUANA duerme. Entra YOLANDA DE ARAGÓN con dos damas de compañía provistas de grandes faroles. YOLANDA DE ARAGÓN despierta a Juana.

YOLANDA DE ARAGÓN: Juana... Despierta... Juana... ¿Me reconoces?

JUANA DE ARCO: Sí. Sois mi voz...

YOLANDA DE ARAGÓN: No, mi pequeña... Te equivocas...

JUANA DE ARCO: Sois Yolanda de Aragón... Sois la suegra del delfín y la mano que realmente dirige a Francia... Vos me recibisteis hace una semana, vos me disteis ropa nueva y buena comida para que pudiera recuperar las fuerzas después de mi largo viaje...

YOLANDA DE ARAGÓN: Se dice, Juana, que cuando tenías siete años y cuidabas tus ovejas, los lobos nunca se acercaban a tus animales. Y que los pájaros del bosque, cuando los llamabas, venían a comer pan en tu regazo... ¿Es verdad?

JUANA DE ARCO: Es verdad, señora.

YOLANDA: Se dice que sabes cabalgar como un hombre. ¿Quién te ayudó a convertirte en caballera?

JUANA DE ARCO: Fue Dios quien me ayudó a convertirme en caballera...

YOLANDA: Y la señal con la que quieres demostrar al rey que eres enviada por Dios, ¿puedes hablarme de ella?

JUANA DE ARCO: No, señora. Prometí a santa Catalina y a santa Margarita, quienes me envían, que solo se lo diría a mi delfín.

YOLANDA: Dices que te llamas Juana la Doncella. Levántate el camisón, Juana, para que yo y estas nobles damas podamos asegurarnos de esa verdad.

Juana se levanta el camisón. Yolanda de Aragón y las dos damas de compañía se inclinan sobre el cuerpo de Juana iluminado por los dos faroles.

JUANA DE ARCO: Podéis estar segura, señora... Soy virgen y, desde mi tierna infancia, casta e inmaculada en todos mis pensamientos...

YOLANDA: Bien, ángel mío. Mañana serás recibida por el rey. Pero ten en cuenta que el rey no llevará ni corona, ni cetro ni otros signos de su poder y rango. Tendrás que reconocerlo entre los otros caballeros y cortesanos. Que Dios te muestre el camino.

JUANA DE ARCO: Sabré reconocerlo, señora. Y como el tiempo apremia, os ruego que me preparéis un estandarte. Pedid que lleve bordadas flores de lis, así como los nombres de Jesús y María. Y preparadme también ropa de caballero, señora, pues tendré que conducir rápidamente el ejército del rey a Orleans, para expulsar a los ingleses que rodean la ciudad...

El Narrador entra e interrumpe la escena.

ESCENA 9

Juana recibida por el Rey

EL NARRADOR: No te creo.

JUANA DE ARCO: ¿Qué no te crees, maestro narrador?

EL NARRADOR: No me creo lo que cuentas, querida Juana... Querida pastorcilla, no creo que las cosas ocurrieran así. Cuentas cosas que nadie puede creer. No me digas que pudiste reconocer al rey entre trescientos caballeros, gracias tan solo a tu inspiración divina. No me digas que el rey te entregó enseguida su ejército para que pudieras liberar la ciudad de Orleans. No me digas que los viejos generales y los otros nobles y orgullosos capitanes aceptaron cabalgar tras de ti y tu estandarte, igual que tras un hada que los llevaría con seguridad a la victoria... *(Se gira hacia el público).* Lo que esta chica cuenta desafía el entendimiento. No podemos representar en serio lo que cuenta. *(A los Actores).* ¿Qué hacemos? Por culpa de esta chica, que se cree Juana la Doncella, nos saldrá mal el espectáculo.

UNA ACTRIZ: No sé qué decir, señor narrador. Ella parece obedecer a unas leyes distintas de las nuestras y seguir vías que no son las del común de los mortales...

JUANA DE ARCO: ¡Haced venir al rey!

EL NARRADOR: ¿Qué? Pero... ¿cómo te atreves, so iluminada, a dar órdenes a esta compañía? No eres directora teatral, que yo sepa. Ya has perturbado demasiado esta historia y mi narración, ¿cómo te atreves...?

Aparece el Rey, un poco timorato.

JUANA: Noble delfín, he venido ante ti para decirte de parte de mi Señor que eres el verdadero heredero de Francia e hijo de rey. Y es también Dios, al igual que san Miguel el patrón de Francia, quien me envía a ti para conducirte a Reims, donde recibirás tu coronación y tu consagración. Y ahora cuenta a estos señores cómo te reconocí en la gran sala del trono, en el castillo de Chinon...

EL REY: Me reconoció, sí...

JUANA: Pero cuenta, cuenta a estos nobles caballeros y a estas nobles damas lo que pasó.

EL REY: Me reconoció, sí...

EL NARRADOR: ¿Cuántas personas había en esa brillante corte?

EL REY: Había alrededor de trescientos nobles... caballeros, soberbiamente vestidos, damas con enormes capirotes, consejeros de aire arrogante, ministros, camareros reales, obispos, cardenales y universitarios, todos luciendo el oro de sus cadenas y sus joyas... *(Bruscamente afectado por una revelación, se dirige a Juana).* Y en medio de esa multitud altiva, entraste tú, Juana, ligera como un ángel, pura como una plegaria, vestida sobriamente de negro y de gris...

JUANA: Y me dirigí hacia ti, noble delfín, porque escuchaba latir tu corazón más fuerte que el corazón de los demás...

EL REY: Y cruzaste las filas, Juana, sin temblar y sin dudar, y viniste ante mí... Y me hiciste la reverencia habitual ante los reyes... Y me dijiste...

JUANA: Larga vida, Dios te conceda, gentil delfín. Te he traído la señal que te permitirá reconocerme como enviada por Dios...

Hace dos años, noble delfín, rezaste mucho tiempo en una iglesia, en la iglesia de Sainte Catherine de Fierbois, no muy lejos de aquí. Fue una plegaria que hiciste con el corazón, y de la que nadie nunca supo nada. Salvo Dios, a quien pedías, noble delfín, la prueba de que eras verdaderamente de sangre real y no un bastardo, como tu madre afirma hoy en día, esa reina madre sin ley ni corazón que les ha abierto a los ingleses las puertas de París y de Francia. Toda una jornada permaneciste en esa iglesia pidiéndole consejo a Dios para saber si debías abdicar, como debe hacer un bastardo, o continuar luchando contra los que saqueaban a Francia, como corresponde a un rey. Y aún hoy esperas esa respuesta de Dios, esa respuesta sin la cual no te atreves a actuar... Noble rey... Yo soy quien te trae la respuesta de parte de Dios, de santa Catalina, de santa Margarita y san Miguel, patrón de Francia... Sí, Dios me envía para decirte tres cosas: que eres verdaderamente el hijo de tu padre y, por tanto, de sangre real... que serás coronado en Reims para que todo el pueblo de Francia te reconozca como rey... y que vencerás a los ingleses y a sus aliados... Y para probarte la verdad de mis palabras, Dios te envía también la espada con la que echarás a los ingleses fuera del país. Ve a la iglesia de Sainte Catherine de Fierbois, donde rezaste con tanto fervor hace dos años... Cava ante el altar... Encontrarás bajo tierra una espada totalmente oxidada. En la espada hay grabadas cuatro cruces y un nombre... Es la espada del más grande de nuestros héroes, Carlos Martel, el salvador de la cristiandad, el que venció a los sarracenos en Poitiers. Con esa espada, vencerás también a los ingleses...

El Rey se pone a cavar inmediatamente. Bajo una capa de tierra, encuentra una espada.

EL REY: Así es, Juana, tuviste razón... Sí que estaba allí la espada... Y en cuanto la tomé en la mano, el óxido cayó solo... Y sentí la fuerza de mis antepasados invadir mis venas... Ven, Juana, arrodíllate... con esta espada, te nombro caballera... *(Toca con la espada, primero, su hombro izquierdo y, después, su hombro derecho)*. Ordeno que, de ahora en adelante, Juana de Arco sea tratada como una princesa real... Como todo caballero, tendrá un paje y un escudero... Que le traigan una armadura a medida y todos los símbolos de un adalid...

Dos escuderos entran y se ponen a equipar a JUANA DE ARCO *para el combate.*

JUANA DE ARCO: Y ahora, noble delfín, déjame purificar tu ejército... Voy a expulsar de sus filas a todas las mujeres de mala vida y a las rameras... Y antes de partir hacia Orleans, quiero que los soldados escuchen una misa...

Música militar. Un ACTOR *de la compañía se pone una cabeza de caballo. Otros levantan a* JUANA *y la colocan sobre los hombros del* ACTOR *convertido en caballo. Todos los* ACTORES *de la compañía rebuscan en los baúles para encontrar accesorios que los transforman, más o menos, en caballeros y guerreros. Desfilan con* JUANA *a la cabeza. Algunos* ACTORES *interpretan a los transeúntes y al pueblo alborozado. Un transeúnte lanza flores cuando* JUANA DE ARCO *pasa. Otros caen de rodillas al paso de* JUANA.

Marcha triunfal hacia Orleans.

Intermedio musical. Un Trovador *canta la canción de* *Juana la Doncella.*

EL TROVADOR:

Juana la Doncella, Juana la Doncella,
¿de dónde vienes, mi reina?,
¿de dónde vienes, mi reina?
De la marca de Lorena,
de la marca de Lorena...

Juana la Pastora, Juana la Pastora,
¿eres mensajera ahora?,
¿eres mensajera ahora?
¿Quién te envía a nuestra tierra,
tú tan bella cuando rezas,
tú tan bella cuando rezas?

Dios me envía aquí, Dios me envía aquí
para que yo salve al rey
y al alma de mi país
y al alma de mi país.

Juana, hija de Dios, Juana, hija de Dios
¿cómo vas a hacer, cómo vas a hacer
para salvar a tu pueblo, para salvar a tu rey,
para salvar a Francia tan solo con tu fe?

Mi corazón daré, mi alma también daré,
para expulsar el odio, hasta el cadalso iré,
y, ardiendo entre las llamas, alumbraré el camino
donde renazca Francia digna de su destino.

El NARRADOR *interviene.*

EL NARRADOR: Bueno, de acuerdo... Reconozco que esta chica está movida por cierto ardor... Como no es cartesiana, pulsa la cuerda de la emoción. Ya está, ha partido hacia Orleans, a la cabeza de un ejército bruscamente reavivado... Por dondequiera que pase, la gente la recibe como a una santa... Ya se cuenta en todo el país la historia de la doncella convertida en adalid... Pero los pobres habitantes de la ciudad de Orleans no creen en su salvación. Están más bien exhaustos y convencidos de que serán masacrados por los ingleses. *(Al público).* ¿Me permitís que cuente, yo, a mi manera, el episodio de la liberación de la ciudad de Orleans?

UN ACTOR *(que se desliza entre los espectadores)*: Sí, te toca a ti, señor narrador. Cuéntanos: ¿qué hacen los valientes asediados en la ciudad de Orleans mientras Juana de Arco corre a su rescate?

EL NARRADOR: Pues bien, como están seguros de que morirán pronto, han organizado un carnaval gigantesco... Para acostumbrarse a la muerte, han salido todos a las calles y a las plazas públicas para una última danza de la muerte.

ESCENA 10

La danza de la muerte

La MUERTE*, en forma de esqueleto con una guadaña, aparece. Se acerca a candilejas y mira al público como si viera una inmensa fosa.*

LA MUERTE *(se dirige al público)*: ¿Qué? ¿Se acabó? ¿La habéis cavado, esa fosa? Dejadme ver... ¡Oh!, ¡bravo, sepultureros! Vuestra fosa es perfecta... Lo bastante grande para todos... ¡Qué trabajo tan bueno! Es justo lo que necesitábamos... Gracias, sepultureros. Ahora, soltad vuestras palas y azadas, tomad más bien las trompetas y los tambores... ¡Y echadme una mano por última vez, haced que suene el fin del mundo ¡Que empiece la danza macabra! *(Trompetas, tambores y otros instrumentos musicales inician la danza macabra. La* MUERTE *trae a escena un cortejo de personajes medievales. La* MUERTE *arrastra tras ella, en la danza macabra, un papa, un emperador, un rey, una reina, un chambelán, una amante real, un caballero, un burgués, un soldado, un monje, un campesino, un mendigo, etc.).*

LA MUERTE: Venid, venid conmigo... Venid y os mostraré el camino... No temáis, la tumba es lo bastante grande para todos... Habrá sitio para todos... Emperadores... papas... reyes y reinas... príncipes y princesas... señores y vasallos... venid, venid... caballeros y escuderos, capitanes y soldados, matronas y amantes, damas de compañía y criadas, gentilhombres y chusma, burgueses y campesinos, monjes y mendigos... Seguidme, aprended a morir... Este agujero es para vosotros, mirad qué profundo es... Vamos, salid, no finjáis ser sordos... Las trompetas del apocalipsis suenan directamente en vuestras cabezas... Vamos, salid de vuestros palacios, vuestras moradas y vuestras casas... Venid, daos todos la mano, la danza macabra ha empezado... Seguidme, amigos míos, regocijaos... en este agujero, todos seréis iguales... Vamos, despojaos de las mitras y las tiaras, de las coronas y los yelmos, de los cetros y las cruces, de las capas y las espadas, de las cadenas de oro y los anillos de plata engastados con diamantes... Deshaceos de las piedras preciosas y los suntuosos atavíos, de las pieles y los encajes... Acostumbraos a la oscuridad y a la desnudez, amigos míos, aprended a estar desnudos, porque la muerte os quiere completamente desnudos, porque los gusanos os quieren completamente desnudos...

La MUERTE se pone a cantar.

Canción de la MUERTE:

Si veis una bella ciudad
que las ratas quieren dejar
y el inglés ha tomado ya,
con las puertas del todo abiertas:
es que Francia está muerta.

Y si veis a un pobre monarca
Que, de París, de Troyes, escapa
patidifuso y entre lágrimas,
mendigando de puerta en puerta:
es que Francia está muerta.

Y si los bufones se alejan
todos hacia el sol de Provenza,
¿qué decir de esta pobre tierra
que a todos abrió sus puertas?
Pues que Francia está muerta.

La danza macabra continúa. Histeria colectiva. Los personajes se quitan la ropa, las joyas, etc., y se convierten también en ESQUELETOS.

LA MUERTE: Bien, ahora estamos listos... Muramos juntos, amigos míos... Y celebremos juntos la muerte de Francia... Pedid a los que aún no han muerto que se unan a nosotros... Venid, no perdáis la ocasión, muramos juntos, que es más alegre... Hundámonos con Francia, que es más reconfortante... Francia se está muriendo, venid a su entierro.

Los ESQUELETOS *empujan al centro del escenario la cama adoselada donde duerme, escondido, el* REY *de Francia. Comienzan a arrancar los ornamentos de la cama, sus flores de lis e insignias, y a desmantelar poco a poco su estructura.*

ESQUELETO 1: Venid a desangraros al mismo tiempo que Francia, inspiradora del mundo y encarnación de la cristiandad.

ESQUELETO 2: Hace cien años que el país más hermoso del mundo está en guerra consigo mismo. Cien años de horrores, masacres, violaciones, saqueos, devastaciones, rapiñas y desgracias, eso se celebra....

ESQUELETO 3: Cien años de combates encarnizados de franceses contra franceses, de cristianos contra cristianos, de hermanos contra hermanos, eso se celebra...

ESQUELETO 4: Cien años que Francia se vacía de su alma: eso se celebra...

ESQUELETO 5: Cien años que Francia se vacía de su esperanza y su futuro, eso se celebra... Cien años que Francia ha sido abandonada por Dios, eso se celebra...

LA MUERTE: Venid a la feria de la historia... Venid a ver a un gran país arrodillado... Venid, el espectáculo es gratuito, venid a ver a un gran país agonizante... Venid, podéis tocarlo, podéis golpearlo, es gratis, hasta podéis despedazarlo si queréis, es gratis. Venid, el animal apenas se mueve, venid, es el momento de abalanzarse sobre la presa...

ESQUELETO 1: Venid a cortaros un trocito de Francia... No temáis, un animal agonizante no reacciona...

ESQUELETO 2: Venid, que hay para todos... Al menos, por ahora... Venid, que otros ya están aquí...

ESQUELETO 3: Mirad a los ingleses, a los escoceses, a los navarros, a los alemanes, a los flamencos, a los italianos, a los lombardos...

ESQUELETO 4: Ya están aquí todos abalanzados sobre la presa, arrancándose los mejores pedazos...

ESQUELETO 5: Vamos, venid a acabar con ella, con este animal herido a muerte; será por su bien, para aliviar sus sufrimientos...

ESQUELETO 6: Mirad, ¿acaso no es esto hermoso, nuestro país en ruinas y nuestro pueblo enfermo?

La cama adoselada está cada vez más despojada; poco a poco solo queda de ella una especie de esqueleto gigante en medio del que, bajo un montón de trapos y retales, el REY duerme.

LA MUERTE: Venid a la feria de la historia... A la izquierda, tenéis los cadáveres de aquellos que escaparon de las hordas inglesas, pero fueron asesinados por los bandidos y los saqueadores.

ESQUELETO 1: Y, a la derecha, tenéis los cadáveres de aquellos que escaparon de la peste, pero murieron de hambre.

ESQUELETO 2: Venid a pasear por las calles apestosas de París, donde, a plena luz del día, nos cruzamos con lobos hambrientos.

ESQUELETO 3: Pasad, pasad una noche en París para escuchar cómo aúllan los lobos de miedo al mismo tiempo que las gárgolas de Notre-Dame...

LA MUERTE: Venid, venid a la feria de la historia... Ese títere paralizado por el miedo, refugiado en la oscuridad, con la cabeza escondida bajo un montón de almohadas en su cama adoselada, en la habitación más alejada del castillo de Chinon, ese es nuestro rey...

El Rey es sacado de su escondite. Los Esqueletos sacan los instrumentos medievales de música y comienzan a acompañar al Rey que canta.

EL REY:

Si nada tenéis que temer
y la vida os parece bien,
si ya nunca más sentís culpa:
es que muerto estáis en la tumba.

La muerte es diligente en todo:
si la gente estima, de pronto,
vuestra fuerza y nobleza suma:
es que muerto estáis en la tumba.

Si están vuestras dudas dormidas,
si pensáis "qué bella es la vida",
si la muerte ya no os asusta:
es que muerto estáis en la tumba.

Si todo os sonríe en la vida,
si todo es gracia y armonía,
y de vuestra suerte no hay duda:
es que muerto estáis en la tumba.

Una vez que termina la canción, los Esqueletos avanzan hasta las candilejas y se detienen frente al público. Colocan una decena de trampas para ratas en el borde del escenario. Luego, con los trapos y los retales, comienzan a fabricar ratas. Pequeñas ratas, ratas más grandes, ratas gigantes.

LA MUERTE: Gentiles damas y nobles caballeros, queridos y valientes ciudadanos de la ciudad de Orleans... Como sabéis, somos una compañía de actores errantes, amantes de las artes escénicas.

ESQUELETO 1: Somos a la vez actores y payasos, juglares y cantantes, narradores y mimos, titiriteros y bailarines... El teatro es nuestra vida; haceros reír y llorar a la vez, ese es nuestro oficio...

Una pequeña rata, manipulada por el Rey, se acerca a una trampa, la olisquea y acaba atrapada por ella.

ESQUELETO 2: Antes de llegar a vuestra ciudad, hace ciento noventa días, habíamos recorrido toda Francia...

ESQUELETO 3: De Lyon a Reims, de París a Saumur, de Bourges a Poitiers...

Una segunda pequeña rata, también manipulada por el Rey, se acerca a la rata atrapada y que todavía se debate, la olisquea, se dirige después hacia la segunda ratonera, la olisquea y acaba atrapada por ella.

ESQUELETO 4: Hemos actuado en todas las ciudades del Valle del Loira, del Valle del Ródano y del Sena...

ESQUELETO 5: Y el día en que llegamos a Orleans, nos recibisteis como reyes...

Una tercera rata, un poco más grande, aparece. Se acerca a la primera rata atrapada, que aún se estremece por última vez antes de morir. La tercera rata olisquea la rata muerta, se acerca a la segunda rata atrapada, que todavía se mueve entre los dientes de su trampa; se dirige después hacia la tercera ratonera, la olisquea y acaba atrapada por ella.

LA MUERTE: Todavía recordamos la primera comida que nos ofrecisteis...

ESQUELETO 1 *(trayendo un plato lleno de ratas)*: Primer plato: pavo asado, puerros blancos con capón, grandes higos de Provenza cubiertos de laurel, anguilas saladas...

Los mismos actos. Una cuarta rata, un poco más grande, aparece, olisquea la primera rata muerta; después, la segunda rata, que se estremece por última vez antes de morir; después, la tercera rata, que se debate desesperadamente. La cuarta rata también acaba atrapada por la cuarta ratonera.

ESQUELETO 2 *(también trae un plato lleno de ratas)*: Segundo plato: carpas, lucios, lenguados, salmonetes, salmón, guiso de pescado, guarnición de arroz con leche azafranado...

ESQUELETO 3: Tercer plato: anguilas asadas, pescadilla frita, marsopa espolvoreada de agua de rosas y harina, tortitas y patés nórdicos...

Los mismos actos. Una quinta rata cae en una ratonera después de olisquear las otras ratas atrapadas.

ESQUELETO 4: Postre: higos y uvas, hipocrás y gofres....

ESQUELETO 5: Y, la guinda del pastel, todo eso regado con vino de Chinon, persistente en la boca como una promesa de vida eterna...

La misma actuación. Una sexta rata, mucho más grande que las otras, cae en una ratonera. Cada vez que una es atrapada por una trampa, esta suena con un ruido seco.

ESQUELETO 6: Qué bien comimos aquel día...

LA MUERTE: Y, al día siguiente, nos despertamos con el ejército inglés rodeando la ciudad...

La misma actuación. Una séptima rata cae en una trampa.

ESQUELETO 1: ¡Qué desgracia! Estamos atrapados como ratas...

ESQUELETO 2: Y ya son ciento noventa días...

Los mismos actos. Una octava rata cae en una trampa, después de examinar a las otras ratas muertas o agonizantes.

ESQUELETO 3: Pero, ¿quién ha pronunciado la palabra rata? La rata es un animal noble. No olvidéis que ahora nos alimentamos de ratas... Bueno, si encontramos, que cada vez escasean más...

Una novena rata, gigante, cae en una trampa.

ESQUELETO 4: Venid, gentiles damas, nobles señores y valientes defensores de la ciudad de Orleans... Toda fiesta debe ir acompañada de una buena comilona...

ESQUELETO 5: Os invitamos a compartir con nosotros las últimas ratas de la ciudad...

Los Esqueletos enganchan las trampas a unas cuerdas. Salen, arrastrando tras ellos, con la ayuda de cuerdas, todas las ratoneras.

ESCENA 11

El teatrillo de los dedos

Escondidos detrás de un biombo, los ACTORES *de la compañía presentan con la forma de un corto espectáculo de marionetas y dedos la liberación de la ciudad de Orleans por* JUANA DE ARCO.

Primero, se ve aparecer la maqueta de la ciudad. Sobre las murallas se agitan una veintena de dedos. Cada dedo lleva sobre la "cabeza" un casco de guerrero y agita o bien un estandarte, o bien una lanza o bien una ballesta.

Al pie de la muralla aparece otro ejército de dedos, "el ejército inglés". Los dedos de abajo se lanzan al asalto contra los dedos de arriba. Se escucha toda la panoplia de sonidos que acompañan una batalla: los gritos de los soldados, las órdenes de los capitanes, los alaridos de los heridos, los silbidos de las balas de piedra lanzadas por los cañones franceses e ingleses, los relinchos de los caballos, etc. De vez en cuando, se ve, en los dos campos, dedos que "mueren" retorciéndose de dolor.

Varias veces, los dedos de abajo atacan a los dedos de arriba y son repelidos. Cada vez que los dedos de abajo se retiran, escuchamos los silbidos, las risas y los insultos proferidos por los dedos de arriba.

Tras varios asaltos, se ve bien que los dedos de arriba están cada vez más cansados y vacilantes, y que también quedan menos.

De repente, una trompeta sobresalta a todos los dedos, que giran "sus cabezas" hacia una nueva aparición. JUANA DE ARCO, interpretada por una mano entera, aparece cabalgando un UNICORNIO. Gracias a los juegos de luces, la aparición de JUANA tiene algo de mágico. Todos los dedos manifiestan, de hecho, su sorpresa con un "¡Oh!" insistente.

JUANA, equipada ella también con una lanza que hace juego con el cuerno del UNICORNIO, carga contra los dedos de abajo. Los dedos de abajo se reagrupan de golpe para encarar el asalto de JUANA. El grupo de dedos de abajo es cada vez menos numeroso, mientras que los dedos de arriba están exultantes. Al final, los dedos de abajo tocan a retirada y se alejan.

Alboroto infernal de los dedos de arriba. Todos los dedos reemplazan sus cascos por sombreros cubiertos de flores. Las puertas de la ciudad se abren. Llevada por el UNICORNIO, JUANA DE ARCO entra agitando su estandarte en la ciudad de Orleans liberada.

ESCENA 12

El árbol de las Hadas

Un claro del bosque iluminado por la luna. En el centro, un gran árbol. Tres jóvenes entran descalzas, vestidas con largas camisas blancas. Traen coronas de flores. Las ponen por todas partes, al pie del árbol, las cuelgan de las ramas... Luego, empiezan a bailar y cantar alrededor del árbol.

Gentil hada, aquí estamos,
descalzas, llenas las manos,
para verte y para hablarte,
y un gran secreto contarte.

Gentil hada, aquí nos tienes
toda la noche, si quieres,
para verte y para hablarte,
y un gran secreto contarte.

Gentil hada, cantaremos,
esperando tu regreso,
para mirarte y tocarte
y tus secretos robarte.

Gentil hada, por doncellas
como la Virgen eterna,
ven a vernos, a tocarnos
hasta en hadas transformarnos.

Aparece un Unicornio. *Las chicas, atrapadas por el miedo, gritan y salen corriendo.*

EL UNICORNIO: No os vayáis... Eh, chicas, no os vayáis...

El Unicornio *persigue a las chicas.*

Un momento de silencio. Se escucha ulular un búho.

Aparece un Campesino, *seguido por un* Monje.

EL CAMPESINO: Esto es. Aquí lo llaman "el Bello Mayo".

EL MONJE: ¿Por qué?

EL CAMPESINO: No lo sé. Pero también lo llaman "el árbol de las Damas" o "el árbol de las Hadas".

EL MONJE: ¿Es un haya?

EL CAMPESINO: Sí.

EL MONJE: ¿Y la fuente?

EL CAMPESINO: ¿La fuente de los Groselleros? Está un poco más lejos.

EL MONJE: Dime, pues, qué ocurre aquí.

EL CAMPESINO: Nada. De vez en cuando, los niños del pueblo vienen a escondidas y colocan coronas de flores al pie de este árbol. Bailan y cantan alrededor pensando que eso atraerá a las hadas. Pero son cuentos de viejas. No hay hadas en este bosque.

EL MONJE: ¿Son los niños del pueblo o más bien las niñas quienes vienen a bailar alrededor del árbol?

EL CAMPESINO: Niñas y niños, todos vienen. Pero, más las niñas. Sobre todo, durante la fiesta de las fuentes.

EL MONJE: ¿Qué es la fiesta de las fuentes?

EL CAMPESINO: Es una fiesta... Una vez al año, los enfermos de fiebre vienen a bañarse en la fuente de los Groselleros... Creen que así pueden curarse...

EL MONJE: ¿Y viste alguna vez a alguien salir curado de este bosque?

EL CAMPESINO: No, *monsignore*, nunca.

EL MONJE: También he oído decir que gracias a esas fuentes se puede predecir el futuro.

EL CAMPESINO: Solo Dios puede predecir el futuro...

EL MONJE: Así que fue bajo este árbol donde Juana escuchó por primera vez las voces.

EL CAMPESINO: Sí, aquí.

EL MONJE: ¿Hay mandrágoras que crezcan por aquí?

EL CAMPESINO: No, *monsignore*. Las mandrágoras son las flores de las brujas. No hay mandrágoras en este bosque, ni en ninguna otra parte de Lorena.

EL MONJE: Alguien me dijo que Juana solía llevar una mandrágora en su seno y que así esperaba tener una fortuna próspera y bienes temporales...

EL CAMPESINO: No, Santidad. Juana nunca tuvo mandrágora. Somos campesinos, lo veis, de condición modesta... Pero a nuestra Juana la criamos piadosamente. Siempre le gustó mucho ir a la iglesia. Cada vez que oía el tintineo de la campana, se emocionaba profundamente. Cuando estaba en el campo trabajando y las campanas sonaban, se arrodillaba y rezaba... Le gustaba rezar sobre todo ante santa Margarita, cuya estatua está en la iglesia de nuestro pueblo. Pero, a veces, también rezaba ante san Miguel, no muy lejos de aquí, en un pueblo que se llama Maxey... Y también le gustaba rezar ante la santa Virgen, en la ermita de Bermont, ve usted, al otro lado de la colina... No, Juana nunca tuvo mandrágora. La mandrágora es el instrumento del diablo y de las brujas...

Se escucha de nuevo ulular un búho. El Monje se santigua.

EL MONJE: ¿Qué es eso?

EL CAMPESINO: ¿Eso? Es un búho que ulula. No hay que tener miedo. Los búhos cazan durante la noche.

Otro ulular viene de otra dirección.

EL MONJE: ¿Y eso?

EL CAMPESINO: Es lo habitual. Los búhos hablan entre ellos. Nunca vivisteis en el campo, Santidad.

El Monje se aleja rápidamente, seguido por el Campesino.

EL CAMPESINO *(detrás del Monje)*: Por la noche, los búhos acechan a sus presas en la oscuridad y las atacan mientras duermen. Así son los búhos: cuando vuelan, no hacen ningún ruido, solo se oyen los gritos de sus presas... Y luego se les oye escupir los huesos, los pelos y las plumas de los animales devorados...

El Monje y el Campesino desaparecen.

ESCENA 13

La coronación del Rey

El mismo decorado. Un momento de silencio. Se escucha un aleteo. El UNICORNIO vuelve.

EL UNICORNIO: Juana... Juana, ¿estás aquí?

JUANA entra acompañada por el REY.

JUANA DE ARCO: Sí, mi bella hada, estoy aquí... Y aquí está nuestro querido delfín, nuestro rey. Se llama Carlos.

EL UNICORNIO: Hola, Carlos.

EL REY: Hola, señorita unicornio. ¿Sois de verdad un hada?

EL UNICORNIO *(hace una reverencia)*: Sí, Majestad. Sed bienvenido en el bosque *Chenu,* de robles...

JUANA DE ARCO *(llamando a sus amigas)*: Hauviette, Mengète... ¿Dónde estáis?

Descalzas, con largas camisas blancas, HAUVIETTE y MENGÈTE aparecen, muy intimidadas.

HAUVIETTE: Hola, Juana...

MENGÈTE: Hola, Juana...

JUANA DE ARCO *(al REY)*: Y aquí están mis mejores amigas, de las que os he hablado tanto. *(A las dos chicas).* Acercaos... Hauviette, Mengète... No tengáis miedo... Venid, que os presente al rey de Francia...

HAUVIETTE y MENGÈTE *(haciendo una reverencia cada una, a la vez)*: Buenos días, Majestad.

EL REY: Hola, Hauviette... Hola, Mengète... (*Una paloma aparece y se posa sobre una rama).* ¿Y eso qué es?

JUANA DE ARCO: Es mi paloma... Ha estado conmigo en todas mis batallas... Venid, venid, mi rey... Venid a tocar este árbol... Es aquí, bajo esta vieja haya, donde las voces me hablaron por primera vez... Además, se llama el árbol de las Hadas... *(Llama a las voces).* ¡Santa Catalina! ¡Santa Margarita! ¡San Miguel! ¡Venid! Estoy aquí con el rey de Francia, a quien me pedisteis que hiciera coronar... *(El árbol se ilumina levemente y se descubre, entre la espesura de su copa o posado en sus ramas, todo un mundo animal más o menos fantástico: un búho, un pavo real, una ardilla, un murciélago, un colibrí, mariposas gigantes... Se descubren también varios halos de santos, que cuelgan de las ramas... Se levanta una brisa. El follaje del árbol empieza a estremecerse; se escucha el eco de varias voces lejanas).* Mirad qué bello es... Bello como un lis... Su ramaje sube hasta el cielo... De hecho, por eso se puede escuchar aquí la voz de Dios... Venid, mi rey... Voy a hacer que os coronen y os consagren rey de Francia... para mantener la promesa que hice a mis voces... Hauviette, Mengète... mi querida hada... traedme una corona... (*Hauviette y Mengète cogen una de las coronas de flores depositadas al pie del árbol. Cuelgan la corona de flores en el cuerno del Unicornio. El Unicornio lleva así la corona a Juana. El Rey hinca una rodilla en tierra).* Noble delfín, he aquí una digna corona, que llevaréis de ahora en adelante para unir a los hombres y Dios, a Francia y el cielo, como este árbol que une el cielo con el mundo de más abajo pasando por la tierra... Mis voces os dan la suprema unción y os nombran rey de Francia... *(Coge la corona traída por el Unicornio y la pone sobre la cabeza del Rey).* Noble rey, ahora se ha ejecutado la voluntad de Dios, que quería que vinierais a Reims para recibir vuestra merecida consagración, mostrando así que sois el verdadero rey y aquel a quien debe pertenecer el reino de Francia. *(El follaje del árbol empieza a estremecerse aún más fuerte. Una lluvia de flores blancas cae sobre la cabeza del Rey, que se pone en pie. Aleteos en el árbol. Hauviette y Mengète se dan la mano y se arrodillan ante el Rey. El Unicornio se inclina, él también).* Y ahora, noble rey, entregad vuestro reino al Rey de los cielos. Y el Rey de los cielos hará por vos lo que hizo por vuestros predecesores...

EL REY: Gracias, mi querida Juana. Ningún rey del mundo ha recibido una consagración más bella que la mía... *(Se percata de que Juana llora).* Pero, Juana, ¿por qué lloras?

JUANA DE ARCO: Lloro porque mi misión ha terminado ahora. Qué feliz me haría morir y ser enterrada aquí.

EL REY: Juana, no vas a morir... ¿No me has dicho que querías casarte y tener tres niños...? ¿Y que el primero sería rey, el segundo, emperador y el tercero, papa?

JUANA DE ARCO: No sé... Haré lo que Dios quiera. De mi futuro, no sé más que vos... Pero cuánto me gustaría que Dios, mi creador, me dijera que no fuese yo más lejos y dejase las armas... Me quedaría aquí en mi tierra para servir a mi padre y mi madre, cuidar de nuestras ovejas con mi hermana y mis hermanos, que estarían tan felices de volver a verme.

Poco a poco, el sueño se disipa. Hauviette y Mengète se van; el Unicornio hace una última reverencia y desaparece. El Rey se retira, él también. Una mano invisible desmonta el árbol. Por último, Juana se queda completamente sola sobre el escenario vacío. Llega el Narrador. Toma a Juana de la mano y abandona la escena con ella.

ESCENA 14

Las hazañas de Juana

El Duque de Bedford *entra. En un hombro lleva una estaca enorme, y arrastra tras él, enganchadas a largas cuerdas, varias decenas de ratoneras de diferentes dimensiones. Examina la escena como un estratega que observa un futuro campo de batalla. Coloca la estaca en el centro del escenario.*

Entra, muy seguro de sí, un Mensajero *(interpretado por el* Narrador*). Está magníficamente vestido, lleva un pendón real y exhibe una gruesa cadena de oro en su cuello, así como otros accesorios. Lleva un casco rematado por un magnífico penacho de plumas.*

El Duque de Bedford *no presta ninguna atención al* Mensajero*. Está totalmente absorto en otra actividad: sacar las ratas muertas de las ratoneras, y luego colocar las ratoneras en círculos concéntricos, cada vez más pequeños, en dirección al punto central donde está la estaca.*

EL MENSAJERO: Noble duque de Bedford, regente de Inglaterra, os traigo algunas buenas noticias. Sabed que el pobre bastardo Carlos, acorralado como una rata en el castillo de Chinon por nuestros gloriosos ejércitos, se ha vuelto completamente loco. De hecho, no es sorprendente, ya que su padre también cayó en la locura. En fin, os informo que Carlos ha nombrado a una pastora de diecisiete años, venida de la marca de Lorena, al mando de su ejército. Ha vestido de caballero a esa pobre iluminada, que dice ser virgen, que no sabe ni leer ni escribir, pero que, sin embargo, sabe montar a caballo. Carlos le ha dado un paje, un escudero, un capellán, un heraldo y una armadura que le habrá costado un ojo de la cara, es decir, al menos, cien libras tornesas. Además, la pastora tiene doce caballos en su establo, todos ellos de gran valor. También le han dado espuelas de oro, un estandarte y un pendón. Está alojada en Chinon, en el castillo de Coudray, y cada día, mañana y tarde, unos sacerdotes se reúnen cerca de ella para cantar himnos a la Virgen. Estas son las noticias de Chinon, noble Duque. Esta chica histérica es la nueva mascota del ejército de Carlos, que ahora se dirige hacia Orleans.

El MENSAJERO se retira. El DUQUE DE BEDFORD continúa sacando las ratas muertas de las ratoneras, arroja las ratas a un lado y organiza su dispositivo de ratoneras en círculos concéntricos.

El MENSAJERO vuelve, con las plumas de su casco totalmente maltratadas, sin pendón, desprovisto de sus accesorios. Habla jadeando y pone cara de desconcierto.

EL MENSAJERO: Noble regente, desgraciadamente, os traigo malas noticias. Nuestro ejército de siete mil hombres ha sido expulsado de Orleans por esa bruja al servicio de los franceses. Llegó a la ciudad el viernes 29 de abril, y en tres días la liberó. Y ahora la llaman la Doncella de Orleans. Vuestros capitanes más valientes, Glasdale, lord Poynings, lord Moleyns, han perecido. A nuestros soldados, supersticiosos como son, se les pusieron los pelos de punta, solo con ver a la bruja. Por cierto, no le falta valor, y se lanzó constantemente en medio de la batalla, allí donde el peligro era mayor. El primer día fue herida por un virote sobre el pecho.

Pero solo tuvo un momento de debilidad y luego se recuperó, como por milagro. Noble duque, mucho me temo que Dios haya tomado partido ahora por los franceses y luche con Francia.

El Mensajero sale. El Duque de Bedford continúa organizando el dispositivo de ratoneras. Sigue sin prestar atención al Mensajero.

El Mensajero regresa, aún más afectado, sin casco, con su capa hecha jirones, cojeando. Por inadvertencia, pisa una ratonera que se engancha, con un ruido seco, a su pie cojo. Se cae, se levanta, camina con la ratonera enganchada a su pie, se acerca al Duque.

EL MENSAJERO: Noble duque, esta discípula del diablo, llamada la Doncella de Orleans, ha utilizado encantamientos y brujería para quitarle todo el valor a nuestro ejército. Nuestras flechas nunca la alcanzan. Las balas de piedra que escupen nuestros cañones caen convertidas en polvo a los pies de esa maléfica doncella que afirma que los únicos ingleses que quedarán en Francia serán los enterrados. Durante la batalla de Orleans, se vio, volando junto a esa maldita Juana, una paloma que llevaba en su pico una corona de oro. Ahora, todas las tierras de Francia se han sublevado. Nuestros soldados padecen un terror indescriptible. Se creían ayer bajo el brazo de Dios y hoy se creen bajo la garra del demonio. Hemos perdido Jargeau, Beaugency, Auxerre, Troyes y Châlons...

El Mensajero se dirige hacia la salida, pero el Duque chasquea los dedos para llamar su atención. El Mensajero se detiene, vuelve la cabeza hacia el Duque de Bedford. Este le pide con un gesto de la mano que le devuelva la ratonera que cuelga de su pie.

El Duque de Bedford *continúa su maniobra con las ratoneras, que dispone en círculos concéntricos.*

El Mensajero *vuelve en un estado aún más lamentable. Tiene un ojo cubierto por una venda y deja tras él un rastro de polvo. Esta vez camina directamente sobre las ratoneras, haciéndolas explotar como si caminara sobre un campo de minas.*

EL MENSAJERO *(con voz temblorosa)*: Noble duque... Esa pérfida criatura, la obra del Maligno, que se llama Juana, sedienta de sangre humana y adivina, ha vuelto a destrozar todo nuestro ejército, esta vez por donde está la ciudad de Patay. Sus cabalgatas y sus asaltos a la cabeza del ejército francés tienen algo de diabólico. Esa supuesta pastorcilla, conjuradora de los espíritus malignos, nos ha hecho perder en Patay a dos mil hombres, mientras que en las filas francesas solo han perecido tres. Esa usurpadora del honor, que olvida sin pudor la decencia y el decoro de su sexo, vestida impúdicamente con ropa de hombre, ha capturado a nuestros mejores capitanes: Suffolk, Talbot, lord Scale, Thomas Rampston, señor de Honguefort... Y, ahora, se ha ido con el bastardo a la ciudad santa de Reims, para coronarlo y consagrarlo rey en la gran catedral de los reyes de Francia...

Antes de salir, el Mensajero *desata las ratoneras enganchadas a sus pies y a su ropa, y las devuelve al* Duque de Bedford*. Este recompone el dispositivo perturbado por el* Mensajero*. El* Mensajero *regresa, exhausto, con toda su ropa hecha jirones, sucio y asustado. Esta vez, no camina tontamente sobre las trampas, sino que avanza con mucho cuidado para evitarlas. Realiza, así, un verdadero ballet entre las trampas, con saltos y zancadas.*

EL MENSAJERO: ¡Qué desgracia! La bruja lo ha conseguido. El bastardo del rey Carlos VI el Loco ha sido consagrado en Reims, y ahora lo llaman Carlos VII... La mencionada Juana también ha conseguido seducir al pueblo católico. Muchos en su presencia la han adorado como santa y la siguen adorando en su ausencia, encargando en su honor misas y colectas en las iglesias... y a veces la declaran la más grande entre los santos, a excepción de la Virgen santa... levantan imágenes y representaciones de ella en las basílicas consagradas... llevan con ellos su figura de plomo u otro metal, como se hace con los santos canonizados... la proclaman por doquier enviada de Dios y ángel antes que mujer... Y ella continúa prediciendo cosas horribles para nosotros. Y os aseguro, noble duque, que todo lo que predice se hace realidad. Predijo, por ejemplo, su herida en Orleans y que no moriría. También predijo la muerte de un hombre que se había burlado de ella. Y ahora predice que seremos expulsados de Francia, a excepción de aquellos que mueran aquí. Predice que Dios enviará la victoria a los franceses contra los ingleses. Predice que París volverá bajo la obediencia del rey Carlos VII. Predice que será traicionada...

EL DUQUE DE BEDFORD: ¡Vaya, pues! Espera; eso es interesante. ¿Ha dicho que será traicionada?

EL MENSAJERO: Sí, lo ha dicho una vez.

EL DUQUE DE BEDFORD: ¡Vaya, pues! Eso es interesante... Así que ha predicho que será traicionada... Bueno, te encargo transmitir mis nuevas órdenes. Escribe... Por orden del duque de Bedford, regente de Inglaterra, a todos los capitanes ingleses de todos los puertos de la costa normanda, así como a las guarniciones de Dieppe, Fécamp, Honfleur... Se prohíbe bajo pena de muerte dejar que los desertores reembarquen hacia Inglaterra. Los capitanes de las costas inglesas tienen la obligación de detener a todos los desertores del ejército, que los aterradores maleficios de la Doncella han vuelto locos. Serán severamente castigados todos los capitanes y soldados que se zafen del servicio, aterrorizados por los conjuros de la Doncella... Se prohíbe a todo soldado inglés difundir falsas creencias y falsos temores. La Doncella no es una santa... Y pronto será juzgada por nuestra santa Iglesia por sus brujerías...

El Duque de Bedford y el Mensajero salen. La escena se ha convertido ahora en un verdadero "campo de minas".

ESCENA 15

El Rey cuida su imagen

El Rey *entra y atraviesa "el campo de minas" evitando, con mucha gracia y habilidad, las ratoneras. El* Rey *es seguido por varios costureros que le hacen probarse un traje nuevo, sombreros nuevos, zapatos nuevos. Se afanan alrededor del* Rey*, mientras siguen sus pasos para no pisar las trampas. El* Bufón *entra corriendo. Pisa una trampa, se cae, se levanta y vuelve a correr tras el* Rey*.*

EL BUFÓN: Majestad... tengo que hablar con vos...

EL REY: Déjame en paz, Hainselin. ¿No ves que estoy ocupado?

EL BUFÓN: Tengo que hablar con vos. Es urgente.

EL REY: ¡Pobre saltimbanqui! El Rey soy yo; soy yo quien decide si algo es urgente o no. Ahora mismo, lo urgente es que cuide mi imagen.

EL BUFÓN: Tengo una pésima noticia que anunciaros, Majestad.

EL REY: Lárgate, Hainselin. Basta ya. Se supone que me tienes que divertir y no anunciarme malas noticias. Ya no te necesito. A partir de hoy, no te pago más. Adiós, Hainselin, estás despedido.

EL BUFÓN: Majestad, en cualquier caso, ya hace diez años que no pagáis mis servicios; permitidme que os lo recuerde... Si todavía sirvo a Vuestra Majestad, es porque prometí a vuestro padre, antes de que se hundiera en la locura, que cuidaría de vos. Así es: le hice una promesa loca a un loco, y, por eso, sigo aquí...

El BUFÓN sigue al REY mientras pisa otras trampas que saltan, que hacen ruido, que se le quedan enganchadas.

EL REY: Deja ya de tratar a mi padre de loco. Aunque estuviera loco, no le permito a nadie, ni siquiera a los bufones, tratar a mi padre loco de loco.

EL BUFÓN: Perdonad, Majestad, pero me importa un comino lo que penséis. Como bufón del rey, tengo derecho a tratar a los reyes de locos.

EL REY: Me cansas, Hainselin. Ni siquiera eres gracioso. No sé por qué mi padre te quiso tanto.

EL BUFÓN: Porque vio en mí a un hermano. En efecto, ambos estábamos locos, cada uno a su manera, y eso nos unió mucho... Majestad, ha ocurrido algo terrible. Juana de Arco ha sido apresada.

EL REY: ¡Vaya!

EL BUFÓN: Sí, Majestad. Apresada ante la ciudad de Compiègne.

EL REY: Vaya, en Compiègne... *(A un costurero que le aprieta demasiado)*. ¡Ay!

EL BUFÓN: Como la ciudad era atacada por los ingleses, Juana salió de las murallas con algunos hombres para hacerles frente.

EL REY: Vaya... Compiègne ha sido atacada por los ingleses...

EL BUFÓN: Pero tuvo que batirse en retirada, porque los ingleses eran demasiado numerosos. Y mientras sus hombres se parapetaban detrás de los muros, ella mantuvo a raya a los ingleses...

EL REY: Vaya, siempre tan audaz...

EL BUFÓN: Y, de repente, justo cuando Juana, ella también, quería volver detrás de la muralla, alguien levantó el puente.

EL REY: Vaya, alguien levantó el puente...

EL BUFÓN: Y entonces, acorralada contra el foso, Juana fue apresada por los hombres de Juan de Luxemburgo, que combatían junto a los ingleses.

EL REY: Vaya, Juana ha sido apresada...

El Rey, que ha terminado de atravesar el campo de ratoneras, desaparece con su séquito de costureros. El Bufón se queda completamente solo en medio del campo de ratoneras. Extenuado, se sienta en medio de ese "campo de minas".

ESCENA 16

El regateo

El Duque de Bedford *entra por el lado izquierdo del escenario,* Juan de Luxemburgo *entra por el derecho. Están separados por un campo de ratoneras. El* Mensajero *aparece y corre hacia el* Duque, *quien le susurra algo al oído.*

EL MENSAJERO *(atraviesa el campo de ratoneras y se dirige a* Juan de Luxemburgo*)*: Señor conde, el duque de Bedford, que aprecia mucho vuestros servicios, os ofrece mil escudos.

JUAN DE LUXEMBURGO: No. Veinte mil escudos.

EL MENSAJERO *(los mismos movimientos, atraviesa el campo de ratoneras y se dirige al* Duque de Bedford*)*: El señor conde Juan de Luxemburgo dice que...

EL DUQUE DE BEDFORD: ¿Está loco? ¿Por esa pobre campesina? Dile que le ofrezco dos mil escudos.

EL MENSAJERO *(repite los movimientos; a* Juan de Luxemburgo*)*: El duque de Bedford dice que...

JUAN DE LUXEMBURGO: Entonces me la quedo. Si el duque dice que Juana no es más que una pobre campesina...

EL MENSAJERO *(al* Duque de Bedford*)*: El señor conde Juan de Luxemburgo dice que...

EL DUQUE DE BEDFORD: Veinte mil es demasiado caro. No dispongo de ese dinero.

JUAN DE LUXEMBURGO *(mientras el* Mensajero *se acerca a él)*: De acuerdo, por dieciocho mil. Pero ni un escudo menos.

EL DUQUE DE BEDFORD *(mientras el* Mensajero*, exasperado, se dirige a él)*: Tres mil.

JUAN DE LUXEMBURGO *(mientras el* Mensajero *se acerca a él)*: ¿Tres mil? ¿Habéis dicho tres mil escudos? No tan rápido; será que no hablamos de la misma persona. Juana de Arco no es una cabra, vale algo más de tres mil escudos.

Mientras los dos adalides negocian, el Mensajero *continúa corriendo de uno a otro.*

EL DUQUE DE BEDFORD: Cuatro mil escudos. Es mi última oferta.

JUAN DE LUXEMBURGO: Entonces, la quemo yo mismo... Diecisiete mil.

EL DUQUE DE BEDFORD: Cinco mil. Es mi última oferta.

JUAN DE LUXEMBURGO: Dieciséis mil. Es mi última oferta.

EL DUQUE DE BEDFORD: Siete mil. De verdad que es mi última oferta.

JUAN DE LUXEMBURGO: Quince mil. De verdad que es mi última oferta, de verdad y de verdad.

EL DUQUE DE BEDFORD: Ocho mil. Eso es todo. De verdad que es mi última oferta. De verdad.

JUAN DE LUXEMBURGO: Catorce mil. Y de verdad, de verdad...

EL DUQUE DE BEDFORD: Nueve mil. De verdad.

JUAN DE LUXEMBURGO: Trece. Ya está. De verdad y de verdad.

EL DUQUE DE BEDFORD: No. De verdad.

JUAN DE LUXEMBURGO: Doce. De verdad, de verdad y de verdad.

EL DUQUE DE BEDFORD: Diez. De verdad, de verdad, de verdad y de verdad.

JUAN DE LUXEMBURGO: No. De verdad que no...

Agotado, el Mensajero cae en medio del campo de ratoneras.

EL DUQUE DE BEDFORD: Diez, eso es todo. Y es de verdad.

JUAN DE LUXEMBURGO: Once. Y es de verdad.

EL DUQUE DE BEDFORD: Diez. Pero de verdad, diez.

JUAN DE LUXEMBURGO: De acuerdo, de verdad, diez.

El Duque y Juan de Luxemburgo se dan la mano.

EL DUQUE DE BEDFORD: ¿De verdad?

JUAN DE LUXEMBURGO: De verdad.

Todos abandonan el escenario.

ESCENA 17

Juana abandonada por las voces

Descalzas, vestidas con largas camisas blancas, HAUVIETTE y MENGÈTE entran riendo y saltando, como dos chicas despreocupadas. Son perseguidas a tientas por JUANA, ella también descalza y vestida con una larga camisa blanca, pero con los ojos vendados. Se diría que las tres chicas están jugando a la gallinita ciega.

Mientras juegan, las tres chicas atraviesan el campo de ratoneras.

HAUVIETTE *(riéndose)*: Aquí estoy... aquí estoy...

MENGÈTE *(haciendo lo mismo)*: Aquí estoy... aquí estoy...

JUANA DE ARCO: ¿Dónde estáis? ¿Dónde estáis?

HAUVIETTE *(haciendo lo mismo)*: Vamos, vamos, Juana... Ánimo... Atrápame... estoy aquí...

MENGÈTE: Ven... ven... ¿Me escuchas? Estoy aquí...

Las dos chicas atraviesan el campo de ratoneras y desaparecen. JUANA sigue avanzando completamente sola, con los ojos vendados.

JUANA DE ARCO: ¡Eh...! ¿Dóndes estáis? Ya no os oigo... ¿Dónde estáis? Ya no oigo vuestras voces... ¿Por qué ya no me habláis? Santa Catalina... Santa Margarita... San Miguel... ¿Por qué me habéis abandonado? Hace muchos días que ya no me habláis...

¿Por qué? No me dejéis completamente sola, que ignoro el camino que debo tomar... ¿Qué debo hacer ahora? ¿Por qué calláis? Hace años que guiais mis pasos, desde que tenía siete años...

Sigue avanzando entre las ratoneras, dirigida de alguna manera por la mano de Dios, porque sortea las trampas por los pelos. Pero, después de algunos pasos más, su inspiración divina parece agotarse. Uno de sus pies avanza peligrosamente hacia una trampa.

EL BUFÓN: ¡Juana, no apoyes ese pie en el suelo!

JUANA DE ARCO: ¿Quién sois? No reconozco vuestra voz...

EL BUFÓN: Quédate así, Juana... Echa atrás tu pie... Eso es, ahora puedes apoyarlo... Quédate así...

JUANA DE ARCO: No es la voz que acostumbraba oír... ¿Quién os ha enviado a mí? Nunca antes os había oído hasta ahora.

EL BUFÓN: Soy un ángel caído, Juana. Acabo de ser expulsado de los cielos... Será que hice algunas tonterías... Pero mi caída en la tierra ha sido dura... Apenas tengo fuerzas para volver a levantarme...

JUANA DE ARCO: ¿Dónde estáis? ¿Estáis herido? No os mováis, voy a ayudaros. Sé cómo curar las heridas. En el asedio de Orleans, recibí una flecha sobre el pecho izquierdo; me atravesó de parte a parte el hombro... Puse sobre la herida tocino y aceite de oliva, y tres días después ya no tenía nada... En el asedio de París, recibí una flecha en el muslo... En el asedio de Jargeau, una piedra me hirió en la frente...

EL BUFÓN: No te muevas más, Juana... Ya estoy mejor... Me podré ir yo solo... *(El BUFÓN se acerca a las candilejas y habla con los espectadores).* San Antonino de Florencia cuenta que Juana fue, en todo, digna de admiración. ¿Inspirada por quién? Jamás se supo. Pero se tendía a creer que era por el Espíritu Santo. Era lo que se concluía de sus actos, en los que nada parecía contrario a la costumbre; nada, supersticioso; nada, contrario a la fe. Se dice que, de niña, oyó de verdad la voz de san Miguel, príncipe de la milicia celestial... que fue conmovida por los anuncios del cielo, empujada por un aliento divino... que se apoyó en los consejos celestiales... que Dios dotó a esa pobre aldeana, que ni siquiera sabía leer, de sabiduría, de ciencia, de habilidad militar e incluso del conocimiento de los misterios divinos...

JUANA DE ARCO: ¿Qué decís ahora? No entiendo nada... ¿Con quién habláis? ¿Conmigo?

EL BUFÓN: Ahora tienes una última misión, Juana... El mundo quiere que pases por las llamas... Incluso aquellos que te quieren, esperan de ti que asumas esa última prueba... Adiós, santa Juana...

El Bufón hace una reverencia ante Juana, que sigue con los ojos vendados, y se va.

JUANA DE ARCO: No entiendo... ¿Pasar por las llamas? ¿Qué quiere decir eso? Eh... ¿Dónde estáis? ¿Os habéis marchado, también vos? *(A sí misma).* Pues eso: los ángeles caídos son así... En cuanto caen a tierra, pierden sus voces...

ESCENA 18

El juicio de Juana

Unos diez JUECES entran y se sientan alrededor del "campo minado", en el centro del cual se encuentra JUANA, aún con los ojos vendados. Los JUECES llevan todos vestimentas que recuerdan a la Inquisición o a una sociedad secreta. Todos leen al unísono el acta de acusación.

LOS JUECES: Bruja, hechicera, adivina, falsa profetisa, invocadora y conjuradora de espíritus malignos, supersticiosa, iniciada y entregada a la práctica de las artes mágicas, malpensada en todo lo relacionado con la fe católica, cismática, dubitativa con la fe y apartada de ella, sacrílega, idólatra, apóstata, maledicente y malhechora, blasfema contra Dios y sus santos, escandalosa, sediciosa, perturbadora de la paz y opuesta a ella, instigadora a la guerra, sedienta cruel de sangre humana que incita a derramar, impúdica y totalmente olvidada de la decencia y el decoro de su sexo, vistiendo impunemente ropa de hombre y adoptando el estado de guerra, abominable a ojos de Dios y de los hombres, prevaricadora de las leyes divinas y humanas y de la disciplina eclesiástica, seductora de los príncipes y del vulgo, usurpadora del honor y del culto divino, hereje o, al menos, vehementemente sospechosa de herejía...

Largo silencio.

JUANA DE ARCO: ¿Quiénes sois? ¿Es a mí a quien habláis? No me gustan vuestras voces. Pero tampoco me dais miedo.

Uno de los JUECES *se acerca a* JUANA *y le quita la venda.*

JUEZ 1: Miradme, Juana... Soy Pierre Cauchon, obispo de Beauvais, y presido vuestro juicio... Ahora estáis ante vuestros jueces...

JUEZ 2: Jurad decir la verdad en todo lo tocante a la fe.

JUEZ 3: ¿Qué edad teníais cuando dejasteis la casa de vuestro padre?

JUEZ 4: ¿Aprendisteis algún oficio en la juventud?

JUEZ 5: ¿Confesabais vuestros pecados cada año?

JUEZ 6: ¿Cuándo empezasteis a escuchar lo que llamáis "la voz"?

JUEZ 7: ¿Qué enseñanzas os dio esa voz para la salvación de vuestra alma?

JUEZ 8. ¿Con qué forma se os apareció esa voz?

JUEZ 9: ¿Por consejo de quién os vestisteis como un hombre?

JUEZ 10: ¿Cómo llegasteis cerca del hombre que llamáis vuestro rey?

PIERRE CAUCHON: ¿Por qué os recibió vuestro rey?

JUEZ 2: ¿A qué hora bebisteis y comisteis por última vez?

JUEZ 3: ¿Cuándo escuchasteis por última vez "vuestra voz"?

JUEZ 4: ¿Os despertó tocando vuestros brazos?

JUEZ 5: ¿Os ordenó la voz no decir lo que os pidieran?

JUEZ 6: ¿Os dio la voz anoche consejo y asesoramiento sobre lo que debíais responder?

JUEZ 7: Cuando fuisteis a Orleans, ¿teníais estandarte o pendón? ¿De qué color? ¿Los nombres Jesús y María estaban escritos arriba, abajo o en el lado?

JUEZ 8: ¿Qué decís de nuestro señor el Papa? ¿Cuál creéis que es el verdadero Papa?

JUEZ 9: ¿Tienen cabello las santas que se os aparecen?

JUEZ 10: ¿Habla santa Margarita la lengua inglesa?

PIERRE CAUCHON: ¿Hablaron santa Catalina y santa Margarita con vos bajo el árbol que llamáis "el árbol de las Hadas"?

JUEZ 2: ¿Qué habéis hecho de vuestra mandrágora?

JUEZ 3: ¿Estaba san Miguel desnudo cuando se os apareció?

JUEZ 4: ¿Qué señal le disteis a vuestro rey para mostrarle que veníais enviada por Dios?

JUEZ 5: ¿Creéis que obrasteis bien marchando de casa sin pedir permiso ni a vuestro padre ni a vuestra madre, si resulta que debemos honrar a padre y madre?

JUEZ 6: ¿Por qué os eligió Dios a vos, en lugar de a otra, para salvar a vuestro rey?

JUEZ 7: ¿Pensáis que Dios enviará a alguien para salvaros?

JUEZ 8: ¿Por qué atacasteis París en día de fiesta?

JUEZ 9: ¿Sabéis si habéis cometido algún crimen o falta por los que deberíais morir si confesáis?

JUANA DE ARCO: No... *(Largo silencio)*. No, no, no... Aquí estoy, me han llevado ante el Tribunal de la Inquisición... *(Avanza hacia las candilejas y se dirige al público)*. Yo, una pobre campesina, ante tantos jueces, asesores, consultores, universitarios de alto rango, expertos en teología y derecho civil y canónico... Ante mí, estaba el presidente del Tribunal, un tal señor Pierre Cauchon... Y luego había tres cardenales, seis obispos, treinta y dos doctores, dieciséis licenciados en teología, siete doctores en medicina, sesenta asesores, unos cien clérigos, tres escribanos, un ujier... Y yo estaba sola... No tenía a nadie que me defendiera, excepto a Dios que me hablaba desde el interior del corazón diciéndome... *(Mientras la Voz habla, aparece el Unicornio detrás de los Jueces. Una aparición onírica que nadie advierte, salvo, después, Juana, quien cae de rodillas).*

LA VOZ: No tengas miedo, Juana... están todos aquí para abrumarte, pero no se sienten a gusto en su propia piel... Mira a ese, cuyo nombre evoca un animal inocente y útil que se engorda para matarlo en Navidad... lo ves... qué ávido está de cargos, de honores y dinero... Pues, precisamente, ese señor morirá como un cochino, de repente, mientras un barbero con una navaja le recorta la barba... Y el otro, el gran inquisidor... ese morirá leproso... Acabará roído por la lepra, con la cara oculta bajo una capucha, vagando de una leprosería a otra... Y otro más, ese flacucho celoso, será encontrado ahogado en un lodazal... Perdónalos, Juana, porque los atormentará toda su vida lo que están haciéndote...

El Unicornio se detiene en medio del campo de ratoneras, pero los Jueces no lo ven. Avanzan en círculo cada vez más estrecho hacia Juana, que sigue arrodillada...

PIERRE CAUCHON: Juana, retractaos. Retractaos...

JUEZ 2: Nunca escuchasteis ninguna voz divina...

JUEZ 3: Dios nunca os confió ninguna misión...

JUEZ 4: Vuestras revelaciones son ilusiones o cosas diabólicas.

JUEZ 5: Someteos a la Iglesia de Dios que está en la tierra, es decir, a nosotros, los cardenales, obispos y otros prelados...

JUEZ 6: ¿Comprendéis, Juana? Nadie puede, en esta tierra, someterse directamente a Dios, sin pasar por la Iglesia...

JUEZ 7: Una revelación que es obra de Dios siempre debe acabar en obediencia a los superiores y a la Iglesia, nunca en la desobediencia...

JUEZ 8: Quien desprecia a la Iglesia, desprecia a Dios...

JUEZ 9: Quien escucha a la Iglesia, escucha a Dios...

JUEZ 10: Si no obedecéis a la Iglesia, que es una, santa y católica, seréis declarada hereje y castigada a la pena de la hoguera.

JUANA empieza a llorar. Detrás de ella, los prelados encienden cada uno una vela.

JUANA DE ARCO: Ya no puedo más... Me llamo Juana la Doncella, Juana la mal juzgada... y mi sangre virginal, derramada por vosotros, clamará venganza a las puertas del cielo...

PIERRE CAUCHON: ¡Abjura, o serás quemada!

JUANA DE ARCO: Sabéis que soy pura, pero me habéis tratado de bruja, de apóstata, de lasciva, de basura, de pobre alucinada y de miserable idiota...

JUEZ 2: ¡Abjura, o serás quemada!

JUANA DE ARCO: Queréis encender una hoguera no tanto por mí como por vosotros... esperáis que esa hoguera pueda sofocar vuestros propios remordimientos, los remordimientos de vuestra propia traición, los remordimientos de vuestra propia cobardía... Queréis encender esa hoguera para ver cómo se disipa convertida en humo vuestra propia nimiedad....

JUEZ 3: ¡Abjura, o serás quemada!

JUANA DE ARCO: Por mi fe, juro, poniendo mi vida en prenda, que mi rey es el más noble cristiano de todos los cristianos, el que tiene más amor por la fe y la Iglesia, y que no es para nada como decís...

JUEZ 4: ¡Abjura, o serás quemada!

JUANA DE ARCO: Tenéis tanto miedo de mi pureza que os disponéis a mostrarle al pueblo mi pobre cuerpo de virgen quemada...

JUEZ 5: ¡Abjura, o serás quemada!

JUANA DE ARCO: Tenéis tanto miedo de mi pureza que os disponéis a arrojar al Sena las cenizas de mi cuerpo... Señores verdugos, tened cuidado cuando recojáis las cenizas de mi cuerpo... Tened cuidado de no quemaros, pues mi corazón ardiente podría quedar intacto...

TODOS LOS JUECES: ¡Abjura, o serás quemada! ¡Abjura, o serás quemada! ¡Abjura, o serás quemada!

PIERRE CAUCHON *(muy paternal)*: Juana... Lo único que queremos es salvarte... Tienes que entenderlo... Como un día toda la gente empiece a tener revelaciones y recibir misiones directamente de Dios, el mundo se volverá ingobernable... será el fin de la Iglesia y de la civilización... Imagínate un millón de mujeres y un millón de hombres diciendo que han oído las voces de los santos y de los ángeles, la voz de Dios y del Espíritu Santo... ¿Qué será de la Iglesia ese día? ¿Qué será de la cristiandad ese día? ¿Qué será de nosotros, los servidores de la Iglesia, ese día? Si todo el mundo empieza a hablar directamente con Dios, si todo el mundo empieza a recibir órdenes directamente de Dios, será el caos... será el infierno en la tierra... Juana, tienes que entender tu culpa... Hay dos Iglesias, una en el cielo, y la otra en la tierra...

La Iglesia que está en el cielo es la santa Iglesia triunfante, la Iglesia de Dios, de los santos, de los ángeles y del Espíritu Santo. La Iglesia que está en la tierra es la santa Iglesia militante, la Iglesia del Papa, de los cardenales, de los obispos, de los sacerdotes. El pueblo solo recibe la palabra de la Iglesia triunfante a través de la Iglesia militante. Y quien deja de obedecer a esta regla no es más que un hereje, un destructor de reglas, un enemigo de la Iglesia militante, un perturbador de la armonía entre las dos Iglesias, un peligroso ejemplo para el pueblo y un servidor del diablo... ¿Quieres que se desmorone la santa Iglesia militante, Juana? ¿Quieres aniquilar las reglas que hacen girar al mundo? ¿Quieres el caos, quieres aún más guerra, más sangre, más sufrimiento, más muertos inocentes? Di, Juana, ¿eso es lo que quieres? ¿La destrucción de nuestro mundo, la aniquilación de nuestro orden cristiano, la llegada del apocalipsis?

JUANA DE ARCO: Oh, no puedo más... Sí, me retracto... Sí, abjuro... No quiero que venga el apocalipsis... Puesto que los servidores de la Iglesia deciden que mis apariciones y revelaciones no son ni sostenibles ni creíbles, no las quiero creer ni sostener, confío en vosotros y en la santa Iglesia...

Todos los Jueces se arrodillan y susurran un Pater Nostrum.

PIERRE CAUCHON: Muy bien, Juana... Vamos a rezar todos por ti... Repite después de mí, Juana... Yo, Juana llamada la Doncella, miserable pecadora...

De repente, Juana se pone en pie, pues su mirada descubre el Unicornio, que espera quieto en medio del campo de ratoneras.

JUANA: Yo, Juana llamada la Doncella, miserable pecadora...

PIERRE CAUCHON: ... después de haber reconocido las trampas de los errores en que creía y, por la gracia de Dios, haber vuelto a nuestra santa madre Iglesia...

JUANA *(repite mecánicamente avanzando hacia el Unicornio)*: ... después de haber reconocido las trampas de los errores en que creía y, por la gracia de Dios, haber vuelto a nuestra santa madre Iglesia...

PIERRE CAUCHON: ... para que se vea que, no engañando, sino de buena fe y por propia voluntad, he vuelto a Ella, confieso que he pecado gravemente...

JUANA DE ARCO *(acariciando el Unicornio)*: ... para que se vea que, no engañando, sino de buen corazón y por propia voluntad he vuelto a Ella, confieso que he pecado gravemente...

PIERRE CAUCHON: ... fingiendo con falsedades haber tenido revelaciones y apariciones de Dios y sus ángeles, santa Catalina y santa Margarita...

JUANA DE ARCO *(acariciando y abrazando al Unicornio que permanece invisible para los Jueces)*: ... fingiendo con falsedades haber tenido revelaciones y apariciones de Dios y sus ángeles, santa Catalina y santa Margarita...

PIERRE CAUCHON: Y de todas mis palabras y hechos en contra la Iglesia, me retracto, y quiero permanecer en unión con la Iglesia, sin nunca separarme de ella. Y juro que nunca más volveré a usar ropa de hombre.

JUANA DE ARCO *(que deja ir al Unicornio)*: Y de todas mis palabras y hechos en contra la Iglesia, me retracto, y quiero permanecer en unión con la Iglesia, sin nunca separarme de ella... Y juro que nunca más volveré a usar ropa de hombre... Y reconozco que nunca he oído las voces del cielo, que nunca he estado en contacto con los ángeles, que nunca me he encontrado con ningún enviado de Dios y nunca he recibido ningún mensaje de su parte... *(Hace una última señal de despedida al* UNICORNIO *que desaparece)*. Ya está; me he arrepentido. Dejadme ir ahora.

PIERRE CAUCHON: Firma, Juana...

Totalmente ausente, JUANA *hace una cruz sobre el trozo de papel que* PIERRE CAUCHON *le tiende.*

JUANA DE ARCO: Ya está... ahora quiero irme a casa...

PIERRE CAUCHON: No, Juana, no te irás. Te aceptamos de nuevo en el seno de la Iglesia, pero como pecadora arrepentida. Serás, por tanto, encerrada de por vida en un calabozo para expiar tus pecados.

JUANA DE ARC: ¡No! *(Empieza a gritar cada vez más fuerte)*. ¡No! ¡No!

Los JUECES *se van.* JUANA *se queda sola en medio del campo de ratoneras con la cara oculta en sus manos.*

HAUVIETTE *y* MENGÈTE *aparecen, como dos santas. Llevan a* JUANA *ropa de hombre.*

HAUVIETTE: No lo hagas, Juana... Te mantendrán en prisión, se burlarán de ti...

MENGÈTE: Un día, un guardia te violará...

HAUVIETTE: Dentro de diez años, ya solo serás una mujer desdentada, enferma y fea...

MENGÈTE: Harán todo lo posible para que tu imagen en el corazón del pueblo se eche a perder...

HAUVIETTE: Pero si aceptas reunirte con nosotras como mártir...

MENGÈTE: Esperaremos tu corazón a la orilla del mar...

Las dos santas desaparecen. Juana mira a su alrededor.

JUANA: No... No quiero morir en un calabozo oscuro, encadenada por el pie a la muralla, o encerrada en una jaula de hierro... Prefiero las llamas... Prefiero las llamas... Prefiero morir a las cadenas. ¿Me escucháis? *(Se quita la camisa y se pone la ropa de hombre traída por Hauviette y Mengète).* ¡Señor Cauchon, estoy lista! Preparad esa hoguera... Sí, soy culpable... culpable de haber traicionado a Dios... culpable de haber abjurado para salvar mi vida... Y ahora mis voces me piden que suba al cadalso... Prefiero hacer mi penitencia de una vez, es decir, morir, a sufrir más tiempo en la cárcel... Venid... Mi cuerpo limpio y puro, que nunca fue corrupto, está listo para ser consumido y reducido a cenizas...

ESCENA 19

El suplicio

JUANA junto al árbol de las Hadas, que va a servir de estaca.

Entra el VERDUGO. Está totalmente intimidado, no se atreve a avanzar demasiado hacia JUANA. Arrastra tras él un capirote enorme sobre el que se lee "Hereje, relapsa, apóstata, idólatra".

JUANA DE ARCO: Ven... Ven, no tengas miedo. ¿Cómo te llamas?

EL VERDUGO: Me llamo Geoffroy Thérage.

JUANA: ¿Y cuál es tu oficio?

EL VERDUGO: Soy verdugo, Juana. Soy yo quien te quemó.

JUANA: Cuenta, Geoffroy Thérage. Cuenta lo que pasó y cómo pasó.

EL VERDUGO: Tengo miedo, Juana... Tengo miedo de no poder contarlo.

JUANA: Cuenta, Geoffroy Thérage. Sabes de sobra que lo he perdonado todo. Sabes de sobra que he perdonado a los que me juzgaron y a los que me interrogaron, a los que me vendieron y a los que me humillaron... Todos mis carceleros están perdonados y tú también estás perdonado, Geoffroy Thérage, mi verdugo. Venga, cuenta...

EL VERDUGO: Era alrededor de las cinco de la tarde... en la plaza del Viejo Mercado de Ruan... Te trajeron, con los pies encadenados y vestida de mujer... Caminabas, con la cabeza gacha... Y el gentío te insultaba... y cuando llegaste frente a la hoguera y la viste, no pudiste contener las lágrimas...

JUANA: Cuenta, Geoffroy Thérage... No tengas miedo...

EL VERDUGO: Y luego te hicieron subir los escalones del cadalso... y entonces te amarré a la estaca clavada en el cadalso... Y justo enfrente de ti, sobre otro tablado, estaban tus jueces... que te miraban... Y de repente hubo un movimiento en la multitud, porque también había gente que lloraba... Y entre los ochocientos soldados ingleses, que estaban allí para controlar al gentío, algunos se mostraban impacientes... Y Pierre Cauchon leyó la sentencia...

JUANA *(se gira hacia los bastidores)*: Ven, maestro Cauchon... Pierre Cauchon, doctor en teología, obispo de Beauvais y rector de la Universidad de París... Ven, ven, no tengas miedo... Ven y lee la sentencia...

Humilde, visiblemente afectado por un problema de conciencia, Pierre Cauchon avanza con una bandeja de metal en la que hay un montón de cenizas y de ascuas, así como un corazón que todavía arde.

PIERRE CAUCHON *(lee la sentencia mirando la bandeja)*: Juana, decretamos que eres un miembro podrido de la Iglesia... y para que no infectes también a los demás miembros de la Iglesia, debes ser expulsada de la unidad de la Iglesia... debemos apartarte de su cuerpo... Por consiguiente, nosotros te expulsamos, apartamos y entregamos a las llamas... porque eres...

Cae de rodillas y permanece inmóvil.

JUANA DE ARCO *(observa el capirote traído por el* VERDUGO*)*: Hereje, relapsa, apóstata, idólatra...

EL VERDUGO: Y los ingleses, cada vez más impacientes, decían: "Vamos, daos prisa, padre, ¿nos haréis cenar aquí?". Y entonces pusieron sobre tu cabeza un capirote donde rezaba...

JUANA DE ARCO *(esta vez, dice las cuatro palabras de memoria)*: Hereje, relapsa, apóstata, idólatra...

EL VERDUGO: Y entonces pediste una cruz... Y un soldado inglés, conmovido, recogió dos pedacitos de madera, los ató y te tendió esa cruz improvisada... Y al mismo tiempo, un fraile dominicano corrió a una iglesia para traerte una verdadera cruz... y luego encendí el fuego...

JUANA DE ARCO: Y luego encendiste el fuego...

EL VERDUGO: Y luego encendí el fuego...

JUANA DE ARCO *(al público)*: Y luego encendió el fuego...

EL VERDUGO: Y tú, una vez encendido el fuego, te pusiste a gritar...

JUANA DE ARCO: ¡Jesús! ¡Jesús! ¡Jesús! ¡Jesús!

EL VERDUGO: Cuatro veces gritaste "¡Jesús!". Y mientras gritabas "¡Jesús!", casi todo el mundo alrededor se puso a llorar por piedad... Y los jueces se fueron para no verte arder... porque tardaste en morir, Juana... Tardaste en morir, porque me habían ordenado hacer un cadalso muy alto... de manera que no pudiera alcanzarte y estrangularte para acortar tu sufrimiento... como se acostumbra hacer para acortar la agonía de los entregados al suplicio...

El VERDUGO *cae de rodillas y llora.*

JUANA DE ARCO: ¿Y luego? Cuenta, Geoffroy Thérage... ¿Y luego?

EL VERDUGO: Y luego me pidieron que apartara atrás el fuego unos instantes para que todo el mundo viera tu cuerpo ennegrecido, aunque reconocible... para que todo el mundo viera bien que habías sido una mujer y para que todo el mundo se tranquilizara con tu muerte... "Para que no se diga que escapó", decían...

JUANA: ¿Y eso es todo?

Reaparece el UNICORNIO, *con sus crines en llamas.*

EL VERDUGO: Y entonces se vio una paloma blanca venir desde Francia... Y oí a un canónigo de Ruan, maestro Jean Alépée, decir: "Ya quisiera yo que mi alma estuviera donde creo que está el alma de esa mujer...". Y oí también a Jean Tressart, secretario del rey de Inglaterra, decir: "¡Estamos perdidos! ¡Hemos quemado a una santa!".

JUANA DE ARCO: ¿Y con mi corazón? ¿Qué hiciste con mi corazón, pobre Geoffroy Thérage, verdugo de la ciudad de Ruan?

EL VERDUGO: El caso es que no conseguía reducir a cenizas tu corazón, Juana... Así que lo cogí como estaba, todavía ardiendo, lo metí en un cubo y lo tiré al Sena con los restos de tu cuerpo...

JUANA *se acerca al* VERDUGO *y le toca un hombro. El* VERDUGO *se levanta, avanza hacia* PIERRE CAUCHON *y coge de sus manos la bandeja llena de cenizas.*

JUANA: Vamos, maestro verdugo... Acaba tu trabajo... Y sobre todo no olvides tirar al Sena las cenizas de mi cuerpo...

El VERDUGO *pone la bandeja de cenizas en el borde del escenario, delante de los espectadores. Pone el capirote al pie de la estaca.* JUANA *se acerca al árbol de las Hadas y permanece en pie, con la espalda pegada al árbol, como si este fuera una estaca. El* VERDUGO *recoge todos los trozos de cuerda enganchados a las ratoneras y se coloca detrás del árbol. Por medio de un mecanismo invisible para los espectadores, las ratoneras empiezan a moverse. Muy suavemente, las ratoneras trepan por el cuerpo de* JUANA*. Como cucarachas gigantes, las ratoneras suben y cubren, poco a poco, por entero el cuerpo de* JUANA*.*

Un haz de luz viene desde arriba.

El árbol de las Hadas se pone a arder, como golpeado por un rayo.

Se escucha Gloria *de Vivaldi. Mientras suena la música, el* VERDUGO *coge la bandeja que supuestamente contiene las cenizas de* JUANA *y baja entre los espectadores. Ofrece a los espectadores las cenizas de* JUANA*: piedrecitas negras, limpias, lisas y calientes.*

La luz se atenúa. El VERDUGO *deposita en medio del escenario lo que queda en la bandeja de metal, es decir, el corazón resplandeciente de* JUANA*.*

La luz se apaga. En la oscuridad, se ve el corazón ardiente de JUANA*, que palpita todavía en la bandeja de cenizas.*

ESCENA 20

Epílogo. El Concilio de Historiadores

Entra la compañía de ACTORES, *con el* NARRADOR *a la cabeza.*

EL NARRADOR: Noble audiencia, hemos llegado al final de nuestra historia. Nuestra compañía de actores errantes, bufones, cantantes, cuentistas, titiriteros y mimos retomará el camino... El teatro, como decía, es nuestra vida; haceros reír y llorar al mismo tiempo es nuestro oficio... Os damos las gracias por habernos recibido, os damos las gracias por creer en nuestro arte... Pero antes de partir, os representaremos una última escena. La entrada del rey en París. El cumplimiento de la última profecía de Juana de Arco...

Los ACTORES *colocan una cátedra en la que reza "Universidad de la Sorbona".*

Entra el RECTOR *seguido por un grupo de* HISTORIADORES.

EL RECTOR: Estimados pares míos... Como ya sabéis, la rueda de la historia está girando. Francia está siendo reconquistada por nuestro querido rey Carlos VII. Nuestro gran soberano se prepara para regresar a París, de donde fue expulsado por los ingleses hace casi veinte años. Y, precisamente, por eso os he convocado aquí, con el más absoluto secreto. Para preparar la entrada del rey en su capital, que es el corazón de Francia. Sois los historiadores oficiales de la ciudad de París y de nuestra prestigiosa Universidad. Deberéis, pues, arrancar de todos los libros publicados por la Universidad las páginas donde el rey aparece en mal lugar, ridiculizado o maltratado desde el punto de vista biográfico o estilístico. Arrancad también y destruid rápidamente los capítulos dedicados a él en la historia oficial que hemos redactado sobre la Guerra de los Cien Años. De hecho, necesitamos reescribir rápido la historia de esta guerra que Francia finalmente ha ganado. Fijaos, nuestro rey es el ejemplo mismo de la prudencia. Ya ha proclamado un perdón general. Nadie será perseguido por las posiciones que tomara durante la larga ocupación inglesa. Seamos también prudentes y actuemos rápido. Necesitamos una nueva perspectiva sobre la Guerra de los Cien Años. *(Los Historiadores se ponen a trabajar. El Rector supervisa las operaciones. Cientos de libros son hojeados y decenas de páginas son arrancadas. El Rector hojea un gran tratado de historia).* Maestro Gervais, fuisteis vos quien redactó el retrato de Carlos VII en la crónica de nuestra Universidad, ¿verdad?

HISTORIADOR 1: Sí, fui yo.

EL RECTOR *(muestra un párrafo)*: Habláis de su "apatía natural" y de su "carácter indeciso"...

HISTORIADOR 1: Sí...

EL RECTOR: Cambiad "apatía" por "valentía"... e "indeciso" por "decidido". Así, quedará "valentía natural" y "carácter decidido".

HISTORIADOR 1: Muy bien, señor Rector.

EL RECTOR: Y en la página 312... Escribisteis: "Francia bajo Carlos VII es un barco sin timón"...

HISTORIADOR 1: Voy a cambiarlo... Voy a escribir: "Francia es un barco cuyo timón es firmemente sostenido por el rey Carlos VII...".

EL RECTOR: Y luego, donde dice que es demasiado "poca cosa" e "insignificante" para ser insultado...

HISTORIADOR 1: Voy a decir que solo las personas que eran poca cosa e insignificantes se atrevieron a insultarlo.

EL RECTOR: Eso es... Bien hecho, amigos... Tened cuidado... No dejéis nada que pueda herir a nuestro bendito rey. Tras los disturbios de esta larga guerra, tras la confusión de todos esos años en que Francia casi ha sido aniquilada, nosotros, los historiadores de París, tenemos la inmensa alegría de saludar el regreso de nuestro legítimo rey a la capital de su reino reconquistado. *(Se dirige a otro Historiador)*. Maestro Feuillet, ¿habéis redactado la lista?

HISTORIADOR 2: Sí, señor Rector.

EL RECTOR: Bien... Los que busquen algunas fórmulas apropiadas para hablar de nuestro rey, tienen aquí una lista de sugerencias... Leednos todo eso, Maestro Feuillet.

HISTORIADOR 2: Segundo Augusto...

EL RECTOR: Muy bien.

HISTORIADOR 2: Nuevo César triunfante sobre el mundo...

EL RECTOR: Muy, muy bien. Y totalmente justificado.

HISTORIADOR 2: Nuevo Carlomagno victorioso que regresa al corazón místico de su reino...

EL RECTOR: Muy, muy, muy bien... *(Se dirige a otro Historiador)*. Eh, maestro Courcelles...

HISTORIADOR 4: Sí...

EL RECTOR: Sois el autor de la teoría según la cual la llegada de los ingleses está en línea con la historia... de que la vieja Francia será de ahora en adelante inglesa... y de que el nuevo orden inglés abrirá una era de prosperidad y paz...

HISTORIADOR 4: Sí, soy yo...

EL RECTOR: Bueno... En tal caso, sugiero que os retiréis de París por un tiempo.

HISTORIADOR 4: De acuerdo. Me voy. Adiós.

Un joven HISTORIADOR llega con una página recién emborronada.

HISTORIADOR 5: En cuanto a los corazones, señor Rector... Quisiera someter a vuestra consideración una página que he escrito sobre el corazón de Juana de Arco.

EL RECTOR: Veamos, pues...

HISTORIADOR 4 *(leyendo)*: Y, luego, las cenizas de Juana fueron arrojadas al Sena. Pero su corazón sigue intacto, no se quemó... Ante nuestra mirada, sigue bajando por el río, llega al mar y, llevado por el oleaje de los océanos, se extiende por todas las costas del mundo... Viajeros y peregrinos, si por la noche, paseando junto a un río o una playa, veis una luz roja llevada por las aguas o las olas, sabed que es el corazón de Juana la Doncella...

Todos los HISTORIADORES se ponen a aplaudir.

LOS HISTORIADORES: Qué hermoso... de verdad que es hermoso... ah, sí, de verdad...

EL RECTOR: Esperad... esperad... no os precipitéis... Olvidé deciros... Arrancad también todo lo relacionado con Juana de Arco... No es Juana de Arco la que entra mañana en París, sino Carlos VII... Así que, por ahora, reservamos toda la gloria para él...

Los Historiadores *siguen arrancando febrilmente decenas de páginas.*

Remolino de páginas arrancadas en el escenario.

Los Actores *pasan entre los espectadores para estrecharles la mano, abrazarlos y despedirse diciendo "adiós".*

EL NARRADOR: Adiós... Adiós... Todo ha sido dicho... Juana de Arco también ha sido utilizada como etiqueta para marcas de vinagre... para marcas de mostaza... de pan de especias... de achicoria... la encontramos también en las cajas de camembert... o de queso *Coulomiers*... Adiós...

Música. La compañía abandona el teatro.

FIN

Algunas notas que podrían aparecer en las hojas arrancadas que, forzosamente, llegarán a las manos de los espectadores:

El Diario de un burgués de París *decía, después del suplicio de Juana: "Murió pronto y su vestido fue todo quemado; luego se retiró el fuego atrás para que el pueblo no dudara más. La vio desnuda con todos los secretos que puede y debe tener una mujer. Cuando esta visión duró lo suficiente, el verdugo volvió a poner un gran fuego bajo su pobre carroña, que pronto quedó calcinada y los huesos, reducidos a cenizas".*

ANEXO

Algunas fechas sobre Juana de Arco:

– 1412: nacimiento en Domrémy; Juana, también llamada Jeannette, es la cuarta de los cinco hijos de Jacques d'Arc (Dart) e Isabelle Romée.

– 1425: oye una llamada insólita: una voz, que más tarde atribuirá a san Miguel.

– 6 de marzo de 1429: Juana de Arco es recibida por Carlos VII en Chinon.

– 8 de mayo de 1429: la ciudad de Orleans es liberada.

– 18 de julio de 1429, Carlos VII es solemnemente consagrado en Reims.

– 23 de mayo de 1430: en Compiègne, Juana de Arco cae en poder de sus enemigos; al principio es prisionera de Juan de Luxemburgo, conde de Ligny, lugarteniente del duque de Borgoña. Él fue quien, sin dinero, la entregó unos meses más tarde a los ingleses, a cambio de un rescate; y fue el obispo Cauchon quien negoció el canje; fue entregada por 10.000 escudos de oro al duque de Bedford, regente de Inglaterra.

– Juana de Arco fue juzgada en Ruan por un tribunal eclesiástico presidido por el obispo Pierre Cauchon; los miembros del tribunal son universitarios parisinos de obediencia borgoñona.

– Suplicio: 30 de mayo de 1431, en Ruan, en la plaza del Viejo Mercado.

– Inicio del proceso de rehabilitación: 12 de diciembre de 1455; es solemnemente rehabilitada el 7 de julio de 1456, en Ruan.

– Los documentos del juicio, así como los documentos del proceso de rehabilitación, se editan cuatro siglos después, entre 1841 y 1849, pero en latín; para tener una traducción francesa, el público esperará hasta 1868.

– Juana de Arco fue beatificada en 1909.

– Juana de Arco fue canonizada en 1920.

PIERRE CAUCHON (1371-1442), obispo de Beauvais y luego de Lisieux. Partidario de los borgoñones, presidió el juicio de Juana de Arco. Licenciado en derecho canónico y doctor en teología, Pierre Cauchon es nombrado en 1403 rector de la Universidad de París. Refugiado en Ruan tras la toma de Beauvais por las tropas de Carlos VII, Cauchon es encargado de presidir el juicio de Juana de Arco (1431), capturada en su diócesis.

La carta con la que la madre de Juana pide al Rey la revisión del proceso:

> *Tenía una hija, nacida en legítimo matrimonio, a la que había provisto dignamente de los sacramentos del bautismo y la confirmación y que eduqué en el temor de Dios y el respeto de la tradición de la Iglesia, tanto como lo permitía su edad y la sencillez de su condi-*

ción, de tal manera que, habiendo crecido en medio del campo y de los pastos, frecuentaba mucho la iglesia y recibía cada mes, tras la debida confesión, el sacramento de la Eucaristía... Sin embargo, aunque nunca pensó, concibió ni hizo nada que la apartara de la fe o la contradijera, algunos enemigos la hicieron comparecer en un proceso de fe y, a pesar de sus recusaciones y apelaciones, en un juicio pérfido, violento e inocuo, sin ningún derecho, la condenaron de manera condenable y criminal y la hicieron morir cruelmente con fuego.

La idea del apocalipsis inminente está muy extendida en la época de Juana de Arco, a veces gracias a ciertos accidentes simbólicos, como el derrumbe del techo de la catedral de Amiens. Esa idea conduce a nuevas prácticas religiosas como la de los flagelantes, a un recrudecimiento de las prácticas heréticas y a una contestación muy fuerte contra la Iglesia católica, como la revuelta husita en Bohemia o el movimiento valdense en la Francia del sudeste.

En la Edad Media se desarrollaron espectáculos con temas religiosos (las pasiones) que se representaban en la plaza de las iglesias. Progresivamente, estos espectáculos se enriquecieron con elementos profanos y las representaciones se trasladaron a las plazas públicas. El espacio teatral se reducía entonces a un carro acondicionado o, en el mejor de los casos, a plataformas sobre caballetes, con un tablado para los actores, encajado por tres lados, y sitios para el público, que marcaban su lugar ante el escenario.

En el siglo XV, la aparición de las danzas macabras está seguramente vinculada con las epidemias; a veces, estas danzas se representaban dentro de las iglesias o con forma de misterio; el objetivo de esas representaciones es enseñar a vivir bien para morir bien.

Poco antes de morir, en julio de 1429, Christine de Pisan ya celebra en los 488 versos de su *Ditié de Jehanne d'Arc* la gesta de Juana de Arco hasta la coronación de Reims.

Desde el mes de mayo de 1435, en Orleans, se representaba la primera obra de teatro inspirada en las hazañas y el drama de Juana, *Le Mystère du siège d'Orléans* [*El misterio del sitio de Orleans*]. El manuscrito original de la obra se ha conservado: 20.530 versos, que narran todos los episodios del asedio. Un drama que se representaba sobre tablados levantados en los principales barrios de la ciudad.

El 3 de septiembre de 1430, Pierronne la Bretonne es quemada viva en la plaza de la catedral de Notre Dame de París, porque proclamaba que la Doncella era enviada por Dios.

Durante el suplicio de Juana, como su corazón no llegaba a arder, se ordena al verdugo que derrame brea y azufre sobre él.

El verdugo, Geoffroy Thérage, fue esa misma tarde al convento de los frailes predicadores y pidió confesión: teme haberse condenado, porque ha quemado a una santa mujer.

Unicornio: animal fabuloso, de un blanco brillante, con la cabeza y las piernas de un caballo y un largo cuerno en el centro de la frente. Símbolo de la santidad y de la castidad, el unicornio es presentado en un gran número de tapices de la Edad *Media (La dama del unicornio*, finales del siglo XV, museo de Cluny). Es muy frecuente en los escudos heráldicos.